FLORENCE ET LA TOSCANE

EN 1865

PAR A. DOUSSEAU

(Extrait des *Publications de la Société Havraise d'Études Diverses*.)

HAVRE

IMPRIMERIE LEPELLETIER, PLACE LOUIS-PHILIPPE.

1866

FLORENCE ET LA TOSCANE

en 1865

> Salve, magna parens frugum, saturnia tellus, magna virum !
>
> *Virg. Georg. liber 2.*

PRÉAMBULE.

Ce travail est le complément de celui : *La Savoie française* publié dans notre volume précédent : le roi sarde, de la maison de Savoie, s'étant fait roi d'Italie et trônant à Florence. Aussi, pour l'intelligence de ce que j'ai à dire, dois-je rappeler à votre souvenir quelques-unes des phrases de mon premier travail ; elles formeront logiquement le début du second.

Je dois encore, allant au-devant d'objections probables, déclarer de nouveau que je ne fais point ici une œuvre de politique personnelle, ce terrain si glissant nous étant d'ailleurs interdit ; quand j'aurai à parler d'événements contemporains, retentissants, et dont toute l'Europe s'occupe, j'aurai soin de le faire avec la discrétion convenable.

Dans le coin le plus sauvage de la Gaule celtique, l'antique Subodia, la Savoie, vivaient jadis des seigneurs dont l'ambition était plus vaste que le domaine. L'un d'eux, Humbert, prit, vers le milieu du XIe siècle, le titre de comte de la Maurienne, et à la vallée de l'Arc, joignit partie de celle dè l'Isère. Ses successeurs agrandirent leur territoire; ils désiraient surtout s'étendre sur le versant oriental de leurs Alpes, en Piémont, et devenir ainsi princes italiens. En 1426, le seizième de ces comtes de Savoie fut créé duc par l'empereur Sigismond, et en 1713, le quinzième de ces ducs, Victor-Amédée, prit le titre de roi. Enfin, treize ans après, réalisant le beau rêve de ses ancêtres, il franchit la barrière des Alpes, il devint roi de Piémont. A cheval sur les monts du Cenis, il eût, pour ainsi dire, un pied en Italie et l'autre en Savoie, ou plutôt en France, et il tint en main la clé des deux versants.

Victor-Emmanuel régnant, sa frontière de l'Est était formée par la rive droite du Tessin ; sur l'autre rive et sur tout le reste de la haute Italie régnait l'empereur d'Autriche, fâcheux et formidable voisin qui, lui aussi, avait un rêve superbe à réaliser : la grande chimère gibeline, si chère à la maison de Hapsbourg !... gouverner l'Italie tout entière, plus ou moins directement. Pour arriver à ce but si ardemment désiré, l'Autriche n'avait plus qu'à forcer les princes de Savoie à subir sa domination ou à repasser les Alpes. Deux fois l'Autriche avait été sur le point de réussir, sa puissante armée écrasant l'armée sarde, par trop inférieure en nombre ; et deux fois la protection de la France avait conservé au Piémont son indépendance et sa frontière du Tessin. En 1859 l'Autriche se crut plus sûre de son fait ; mais cette fois l'épée de la France se mit de la partie, et nous ajoutâmes les noms glorieux de Magenta et de Solferino au long catalogue de nos exploits. Non-seulement nous conservâmes à son roi le Piémont, nous y ajoutâmes la belle et riche Lombardie, et la frontière sarde fut reculée du Tessin au Mincio ; puis par d'étranges circonstances, ce royaume piémontais s'est considérablement agrandi. A tort ou à raison, l'Italie a mis à la porte divers princes, assez braves gens pourtant, quoiqu'on en dise, mais dont la saveur autrichienne était singulièrement déplaisante à tout Italien. Le roi de Piémont a pris le titre de roi d'Italie ; il a quitté Turin pour Florence, comme ses ancêtres avaient quitté Chambéry pour Turin. Il projette même, dit-on, de quitter Florence pour Rome, et de monter au Capitole, malgré le voisinage de la roche tarpéienne. Il ferait œuvre plus méritoire et plus glorieuse s'il parvenait à rendre à son pays ses frontières naturelles.

Comme la France, comme la Péninsule hispanique, l'Italie a des frontières si parfaitement bien définies qu'elle n'eût jamais dû en avoir d'autres. Mais de même qu'une province de l'Espagne s'appelle Portugal et a son roi qui ne se dit point Espagnol, de même que plusieurs parties du territoire français s'appellent encore Suisse, Belgique, Prusse et Bavière rhénanes, ainsi il y a l'Italie des Italiens et celle des étrangers ; celle-ci s'appelle canton du Tessin, Tyrol méridional, Istrie, Vénétie même ! Et pourtant la chaîne centrale des Alpes, cette sublime, incomparable frontière est là, protestant contre ces odieuses usurpations ! car cette chaîne, depuis le col de Tende et son contrefort méditerranéen jusqu'au pic des Trois-Souverains, puis les Alpes carniques et juliennes jusqu'au chaînon qui aboutit à l'Adriatique près de Fiume, forment à l'Italie une frontière non interrompue et formidable. Constatons encore une fois que la Savoie et le comté de Nice sont en dehors de cette chaîne, et qu'en nous les cédant, l'Italie n'a fait que nous rendre notre bien : C'était la moindre chose quand elle nous devait tant ; et ajoutons qu'en expulsant de chez elle Suisses et Autrichiens, si elle consentait, par générosité grande ! à faire cadeau de Trieste à l'Autriche, qui n'a pas d'autre port de mer, sa frontière actuelle de ce côté, le cours de l'Isonzo qui débouche au fond de l'Adriatique, pourrait sans grand dommage être conservée. L'Italie aux Italiens ! soit. Après quoi qu'importe à un Français, plus ami de son pays que de l'étranger, que l'Italie n'ait qu'un seul chef, ce qui ne s'est jamais vu depuis les Romains, ou qu'elle en ait plusieurs ? Que sa capitale soit Florence, Rome ou Saint-Marin? Seulement je crois sa couronne mieux placée sur la tête de la belle Florence que sur une autre, et c'est pour le prouver que j'écris. D'autres ont écrit sur la Toscane avant moi ; d'autres en parleront après, c'est très bien ! mais *anch'io son pittore!* comme disait Correggio, et comme eux, je crois avoir qualité pour en dire quelque chose, ayant plusieurs fois parcouru, étudié la Toscane et séjourné à Florence, ma ville italienne de prédilection. Pour en parler en connaissance de cause, je n'aurai guère qu'à fouiller dans ma mémoire et dans mes cahiers de voyage. Ainsi, sans songer à composer une histoire classique, un guide du voyageur ni un catalogue de musée, le dilettante, plus soucieux de son instruction et de son studieux plaisir que de l'édification des siècles futurs, plus amoureux du vrai que des belles phrases, saura ce qu'il dit, parce qu'il ne dira que ce qu'il sait. Commençons par le pays, la ville viendra après.

DE LA TOSCANE.

Pourquoi dire encore Toscane? pourquoi s'occuper encore particulièrement de cette province, quand elle a perdu son autonomie? C'est qu'elle n'a pas pour cela perdu son nom, sa personnalité, et qu'elle les conservera bien longtemps encore, après les avoir tant illustrés. Depuis des siècles la Normandie est redevenue française, et c'est toujours la Normandie ; et bien que la Pologne soit russe, pour son malheur, il y a encore une Pologne. La politique, la conquête font des démarcations arbitraires, l'homme dresse des cartes géographiques et donne des noms imaginaires à des choses de fantaisie. Dieu fait le pays, et les vraies frontières sont celles créées par lui.

Man made the town, but it's God who made the land.

dit un poëte anglais. D'ailleurs il ne s'agit pas seulement de la Toscane de nos jours. Prenons donc ce pays tel qu'il est encore, c'est-à-dire avec l'annexion du duché de Lucques, qu'il possédait par traité depuis 1848, et disons sommairement quels sont les traits principaux de son histoire. Nous en parlerons plus longuement en faisant la biographie de sa capitale.

Plus de mille ans avant l'ère chrétienne, plus de trois siècles avant la fondation de Rome, une colonie de Pélasges vint s'établir entre le Tibre et l'Arno ; ils fondèrent diverses villes dont nous retrouvons les murs cyclopéens. Florence ne date pas de cette première fondation et n'offre pas les débris de murs énormes qui se voient à Fiesole et ailleurs. les Pélasges, ou Tyrrhènes, bâtissaient pour un long avenir : ce furent des ouvriers de cette nation qui construisirent à Rome la *cloaca maxima*, dont la vasteté, la solidité nous étonnent, bien que cet immense égout d'une ville jusque là si peu considérable soit vieux de 2400 ans !

Les Tyrrhènes excellaient dans plusieurs arts : nombre d'objets de leur fabrication existent encore, et surtout une grande quantité de poteries, les vases étrusques, si recherchés. Les Resena, hordes venues de la Rhétie, les Gaulois et les Sammites asservirent les Tyrrhènes ; puis ce furent les Romains, et toujours les vaincus instruisirent, civilisèrent leurs envahisseurs. Les Romains qui, comparés aux Tyrrhènes, n'étaient que des barbares, ne s'emparèrent du pays qu'après trois longues guerres. 275 ans avant J.-C. ils le subjuguèrent enfin ; ils donnèrent aux habitants le nom de *tusci, etrucci*, et à la province celui d'*Etruria*, dont nous avons fait étrusques, Etrurie, et plus tard Toscane. Le langage étrusque, très différent du latin, se parla jusqu'au temps de l'ère chrétienne et finit par se perdre, comme l'égyptien et divers autres.

Au temps de Sylla, l'Etrurie correspondait à peu de chose près à la Toscane actuelle ; or, comme latitude, la Toscane correspond exactement au midi de la France. Si la Toscane glissait droit vers l'ouest, sa ville la plus méridionale, Orbitello, viendrait se placer sur notre frontière pyrénéenne devant le Canigou, et Pistoïa, qui est au nord, se trouverait sur le parallèle d'Agen. Le climat toscan est donc, en somme, celui du Languedoc. La Toscane compte 1,800,000 habitants ; elle n'a de frontière naturelle que ses cinquante lieues de côtes sur la mer tyrrhénienne ; les anciens Etats de l'Eglise et un coin de l'ex-duché de Modène achèvent de l'enclore. Sa forme est d'une symétrie singulière : c'est un ballon couché nord et sud, et dont l'axe est formé par le neuvième degré de longitude Est de Paris; Florence se trouve sur cette ligne et vers le haut du ballon. Entre la vallée de l'Arno et la frontière s'étend la chaîne centrale de l'Apennin, dont les ramifications couvrent le pays et forment surtout les vallées de l'Arno et de l'Ombrone. Heureuse terre, beau ciel, mer poissonneuse, climat tempéré, air salubre ; excepté le long des côtes, en partie bordées de friches lacustres, de maremmes et d'étangs, dont les exhalaisons pendant l'été rendent ces plages malsaines.

Comme toute l'Italie méridionale la Toscane souffre disette d'eau pendant la belle saison, et ses rivières, à sec en été, sont après de grandes pluies transformées en torrents impétueux. Ses principaux produits sont l'huile d'olive, la soie, les marbres et quelques métaux. Elle est, elle fut toujours commerçante, industrielle ; mais c'est à la culture des beaux-arts, aux dons du génie qu'elle doit sa brillante illustration. Quant à ses nombreuses vicissitudes, nous en parlerons en faisant l'histoire de sa capitale, ou plutôt des Médicis ; car comme Florence joue un très grand rôle dans le duché, et le duché en Italie, les Médicis jouent un rôle très important dans l'histoire de Florence. Cette famille, maintenant éteinte, a jeté pendant 400 ans un éclat extraordinaire et s'est rendue tour-à-tour fameuse par son patriotisme et sa tyrannie, ses grandes qualités, ses vertus et ses crimes. Elle a donné son nom à une des trois grandes époques de l'esprit humain, deux reines à la France, et quatre papes à la chrétienté (Léon X, Clément VII, Pie IV et Léon XI). Elle a présidé à la splendide explosion de la Renaissance et lui a imprimé un mouvement merveilleux. Comme le Rhin qui, né des ruisseaux du Badus et de l'Albula, devient un grand fleuve tout décoré d'histoires et de légendes, puis va se perdre dans les canaux et les marais des Pays-Bas, ainsi le sang des Médicis, longtemps illustre, s'est tari, inglorieux et dédaigné. Nous ferons donc succinctement l'histoire des Médicis, et dans ce cadre, nous insérerons, selon l'ordre chronologique, les faits et gestes les plus saillants du pays, et des biographies, des épisodes, qui animeront le tableau. Puis pour justifier, expliquer l'exaltation de la grande cité toscane, nous dirons quelle fut sa prodigieuse initiative lorsque l'esprit humain commença à secouer enfin la torpeur du moyen-âge. Passant de l'historique au descriptif, nous exquisserons sa physionomie topographique, après quoi il ne nous restera plus qu'à faire une promenade dans la ville, une revue rapide de ses beautés artistiques, et, en lui disant adieu, à lui souhaiter bonne chance dans ses destins nouveaux.

FLORENCE HISTORIQUE.

PÉRIODE ANTE-MÉDICÉENNE.

Qu'était Florence à l'époque où Sylla, charmé de son heureuse position, de ses riants alentours, résolut de l'agrandir, de l'embellir ? Nous l'ignorons. La longue guerre des Romains contre les Toscans avait été funeste à ces derniers. Leurs villes étaient ruinées, dévastées, et Florence n'était peut-être plus qu'un amas de débris lorsque Sylla y établit une colonie romaine. Cette révification eut lieu 90 ans avant J.-C. La nouvelle Florence prospéra bientôt et elle enrichit, instruisit surtout, les Romains avides et grossiers. Des monuments que Sylla et ses successeurs au pouvoir firent élever dans Florence, rien ne subsiste plus, car les barbares, envahisseurs de l'Italie, saccagèrent Florence plusieurs fois, et se plurent à en anéantir les édifices publics. Le farouche

Attila n'y laissa que des ruines. Aux Huns, aux Goths succédèrent les Lombards, nouvelles dévastations. Fiésole, ville voisine, antique rivale de Florence, loin de lui venir en aide, se joignit plusieurs fois aux ennemis pour se débarrasser d'une concurrence importune. Puis vinrent les Francs et leurs ravages ; Fiésole fut à son tour presqu'anéantie, et elle n'a pu, comme Florence, recouvrer son importance première.

En 781, Charlemagne revenant de Rome, où il s'était fait couronner empereur d'occident, s'arrêta à Florence, et comme Sylla, charmé du site, il ordonna la reconstruction de la ville, alors presque déserte. Ses habitants erraient, misérables, dans les villes voisines ; la leur, embellie, fortifiée, leur fut rendue, et, protégée contre les rivalités des villes environnantes, elle put enfin jouir d'un bien-être, d'une sécurité qui depuis bien longtemps lui étaient inconnus. Cette deuxième fondation date de l'an 790, et la moderne Florence est l'œuvre de Charlemagne. Il y établit un gouvernement consulaire qui dura près de 400 ans, et dont le chef prit le titre de marquis. De 828 à 1115 on compte 13 de ces marquis. Sous leur administration à la fois populaire et vigoureuse, et malgré de fréquentes dissensions, Florence et son territoire s'accrurent considérablement.

Le treizième de ces marquis, Boniface III, possédait aussi partie de la Lombardie. Il fut le père de la fameuse comtesse Mathilde, née en 1046, la grande Italienne, comme on l'appela plus tard, lorsqu'elle eut fait des efforts inouïs et triomphants pour soustraire son pays à l'influence des empereurs. Eprise de la papauté, et, disent les chroniques du temps, de la personne de Grégoire VIII, elle se prononça contre l'empire dans la querelle des investitures, et vainquit, humilia l'empereur Henri IV. Henri V et Frédéric Barberousse essayèrent en vain d'abattre cette Sémiramis. Si Mathilde ne fut pas toujours victorieuse, elle fit, du moins, preuve d'une ténacité invincible. C'était un *grand capo di donna !* comme Sixte-Quint le dit plus tard d'Elisabeth d'Angleterre, protestante aussi déterminée que Mathilde était bonne catholique. Mathilde eut deux maris, ne leur plut guère et ne les aima pas du tout ; toute sa tendresse était pour le Saint-Siége. Son second mari ne lui semblant pas assez papiste, et comme d'ailleurs elle n'avait pas d'enfants, elle le déshérita, fit don de ses Etats au pape, et les florentins approuvèrent cette étrange donation. Mathilde mourut en 1125 à 79 ans ; la faction des Guelfes, qu'elle avait tant protégée, redoubla d'ardeur contre les Gibelins. *Guelfi et Ghibelini*, papistes et impériaux, prenaient leur nom de deux familles puissantes et ennemies : Pendant 300 ans leurs animosités désolèrent l'Italie. L'aristocratie penchait vers l'empire, tandis que les guelfes paraissaient agir au nom de l'indépendance du pays, la plupart des papes étant Italiens. Heureuse, trop heureuse l'Italie si jamais elle n'eût connu ni Gibelins ni Guelfes ! La partie de l'ancienne Tuscie non donnée aux papes, prit alors le nom de Toscane, et Florence pour capitale. Florence changea plusieurs fois la forme de son gouvernement, resta en proie aux factions, et vit presque tout son territoire lui échapper. Les papes s'emparèrent de la région du midi, le reste se souleva et forma des Etats indépendants : Sienne, Pise, Arezzo, Pistoïa se constituèrent en républiques, pendant que les Lombards s'efforçaient d'asservir Florence ; elle résista et resta maîtresse chez elle. Dans ces circonstances, et pour la première fois, un Médicis se signala à l'attention publique ; il était officier dans la troupe florentine, et aida vaillamment à repousser les Lombards. Les autres Médicis n'étaient connus que par la hardiesse et le succès de leurs opérations commerciales.

Le commerce de Florence était très actif, et pourtant la ville était sans cesse tourmentée par les émeutes ; elle asservissait la campagne voisine, et luttait contre les autres villes, soulevées contre elle, tandis que ses nobles se battaient entre eux ou se réunissaient pour opprimer le peuple, qui le leur rendait bien quand la chance lui revenait. Aux démocrates hargneux succédaient les petits tyrans blasonnés, et le poignard et le poison étaient souvent à l'œuvre. En 1277 le pape Nicolas III, afin de ramener la paix dans Florence, y envoya un médiateur. Tout le monde s'embrassa; mais ce n'était qu'un baiser de Lamourette, et l'orage recommença bientôt. L'ancien gouvernement consulaire fut de nouveau renversé. Aux deux consuls succédèrent dix édiles qu'on réduisit à huit; puis en 1288 on créa le gonfalonnier, magistrat suprême et chef militaire à la fois, et gardien du drapeau de la ville, autour duquel il appelait les notables en temps de cérémonies publiques ou de troubles populaires. Ces troubles devenaient journaliers, Guelfes et Gibelins étaient sans cesse aux prises, et deux familles puissantes, également Guelfes pourtant, car Florence continuait à être à la tête du papisme, se disputaient la suprématie; les Cerchi et les Donati, les noirs et les blancs: les premiers chassèrent de Florence les seconds. Corso Donati, chef des bannis, mit dans ses intérêts le pape Boniface VIII et Charles de Valois qui se rendait à Naples. Charles, à la prière du pape, ramena les blancs à Florence, et les noirs furent à leur tour persécutés (1301). Corso fut tout puissant pendant quelque temps; la jalousie du peuple abattit son pouvoir: accusé de tyrannie et condamné à mort, il échappa à l'échafaud par le poison.

Ici se place l'épisode du Dante: A un génie aussi insigne donnons une notice quelque peu détaillée: *Durante Alighieri*, si connu sous le nom de Dante, était né a Florence en 1265, d'une famille noble; il avait reçu une brillante éducation; très jeune encore il se montra brave guerrier et diplomate habile, et quatorze fois Florence l'envoya en mission. — En 1291 il épousa Gemma, fille noble, de la famille des Donati, et en eut des enfants; — cette union fut la cause de tous ses malheurs: brouillé avec sa femme et avec tous les parents de celle-ci, il se jeta, en haine d'eux, dans la faction des noirs, et quand les blancs rentrèrent à Florence, à la suite de Charles, le Dante fut un de leurs ennemis qu'ils maltraitèrent le plus. Deux sentences furent portées contre lui: l'une, en 1302, le condamnait à l'exil, l'autre à être brulé vif; et comme il s'était enfui, il fut brûlé en effigie sur cette place de Santa Croce, au lieu même où, dernièrement, l'Italie lui a élevé un si beau monument. — Errant de ville en ville, il rassembla une foule de compagnons d'exil, et à leur tête essaya vainement de rentrer dans Florence. Alors il s'expatria : en 1307 il vint à Paris et y séjourna pendant quelque temps. — C'est là qu'il arrangea le plan de sa *Commedia umana*, que l'admiration de ses compatriotes surnomma bientôt la *divina Commedia*; enfin il rentra en Italie, et en 1329 mourut à Ravenne à 56 ans, ayant terminé son prodigieux poëme, où il place ses amis en paradis, et, naturellement, met ses ennemis en enfer, y compris tous ceux, les gibelins surtout, qu'il considérait comme les ennemis de la liberté italienne. — Il dût donc ses malheurs et sa gloire à des haines de famille et non à une faction purement politique, puisque blancs et noirs étaient également guelfes. — Dans le chapitre suivant, nous aurons à le considérer à un autre point de vue. — Pendant que le Dante, proscrit, méditait une vengeance qui devait immortaliser jusqu'à ses persécuteurs, un Médicis aspirait au premier emploi de la République, et se rendait cher au peuple par ses largesses et par son zèle démocratique.

LES MÉDICIS (I MEDICI)

Vers l'an 1150, une famille de petits trafiquants sortait de la misère et de l'obscurité ; les Médicis commençaient à se faire un nom dans Florence par leur intelligence des affaires. — Cent ans plus tard cette famille était riche, influente, et un des Médicis attirait sur lui l'attention publique dans la guerre contre les Lombards, comme nous l'avons dit; les autres, tout entiers à leurs affaires, se gardaient de les compromettre en se jetant dans les troubles civils ; mais comme ils étaient guelfes et généreux, ils avaient un parti considérable dans le peuple. — En 1314, au milieu de sanglantes séditions, Everardo da Medici fut nommé gonfalonier, tenta en vain d'apaiser les émeutes toujours renaissantes, et fut renversé par la faction opposée. Les dissensions prirent alors un caractère plus violent ; les florentins, engagés d'ailleurs dans une guerre malheureuse, demandèrent assistance à Robert, roi de Naples, le priant surtout de leur envoyer quelqu'un qui pût les mettre d'accord. — Robert leur envoya, en 1342, un aventurier français, Gauthier de Brienne, qui prenait le titre de duc d'Athènes et de Calabre. Gauthier trouvant les Médicis opposés à sa médiation et toujours à la tête des émeutes, car l'ambition l'emportait enfin sur leur vieille prudence, fit décapiter l'un deux, qui s'était fait nommer capitaine du peuple ; — les autres, soulevant la populace, chassèrent Gauthier et rétablirent le gouvernement des huit. Un jeune Médicis, du nom de Salvestro (Sylvestre), joua un grand rôle dans cette bagarre ; il devait en être récompensé ou puni, trente ans plus tard. L'horrible peste de 1348 apaisa ces troubles en tuant la moitié de la population florentine et en bouleversant la fortune des survivants. — La mort et la ruine épargnèrent les Médicis, et quelques années après, Florence se retrouva assez riche pour acheter Lucques.

(Lucques, *Lucca*, fut d'abord étrusque, puis ligurienne et romaine. César y passa un hiver 53 ans avant J. C. — Elle appartint ensuite aux empereurs grecs, aux Lombards et aux empereurs d'Allemagne, se donna à Florence et s'en sépara pour se constituer en république. — Les Pisans s'en emparèrent : elle fut pillée par Uggione della Fuggiuola et délivrée par le brave Castruccio Castracani, lucquois, héros d'un roman historique écrit par Machiavel, et qui a pu servir de modèle aux *Novels* de Walter Scott. Achetée par les florentins, Lucques fut ensuite prise par Maria Visconti, duc de Milan, redevint république, puis duché, et fut donnée à Elisa Bacciochi, sœur de Napoléon Ier. En 1814 le traité de Paris donna ce duché à la duchesse de Parme, et en 1848 il a fait retour à la Toscane. Lucques a maintenant 25,000 habitants; Pistoïa en a 12,000; Arezzo 11,000 et Cortona 4,500. Ces villes, fort anciennes et situées sur la frontière du nord-est, passèrent ainsi de main en main et furent dix fois prises, vendues, pillées, dévastées, avant d'appartenir enfin à la Toscane).

En 1378 Florence avait 150,000 habitants, faisait un commerce immense, s'étendait au loin sur la rive droite de l'Arno et commençait à peupler l'autre rive, jusqu'alors presque déserte; mais les commotions populaires recommençaient furibondes; on ne vit pour les calmer que Sylvestre de Médicis, estimé des nobles et chéri du peuple. — Il fut nommé gonfalonier et plut d'abord à tout le monde; — mais l'arrogance des Albizzi, famille puissante, aigrit Sylvestre. Pour s'en venger il livra l'administration de la ville à la populace qui bouleversa tout. — Les nobles, très maltraités d'abord, prirent le dessus et chassèrent les tribuns populaires; les Médicis furent bannis et leurs maisons pillées; — ils furent déclarés incapables d'occuper jamais un emploi public, et Sylvestro alla mourir en exil, à Modène, en 1381. Cette persécution coûta cher aux Médicis, mais ne fit qu'ajouter à leur popularité; ils se retirèrent dans un bourg voisin, s'appliquèrent à se faire oublier et rétablirent leurs affaires. — Leur réputation d'habileté était telle que les plus fortes têtes de l'aristocratie allaient les consulter sur les affaires de l'Etat.

Guerre des Pisans et des Florentins. — Ceux-ci, après un long siége, se rendent maîtres de Pise en 1406.

(Pise, *Pisa*, a de nos jours 23,500 habitants; elle en avait alors 150,000, comme Florence sa rivale; on l'appelle *Pisa morta* parce qu'elle n'a plus ni commerce, ni industrie; on l'appelait *Pisa vivace* à cause de l'activité extraordinaire de son commerce. Son port, maintenant distant de la mer de près de trois lieues, en était alors voisin, et l'Arno lui amenait les plus gros vaisseaux de l'époque. — Pise fondée par les Siculiens devint colonie romaine 200 ans avant J.-C. et port de mer très renommé. Ruinée par les Goths, relevée par les Lombards, république en 888, devenue assez puissante pour faire de nombreuses conquêtes dans le Levant, — elle s'empara de la moderne Carthage, de la Sardaigne et de la Corse et batailla longtemps, et souvent avec avantage, contre Gênes et contre Florence. — Prise par Gênes en 1284 et devenue le siége de la faction gibeline, les villes voisines qui étaient guelfes se liguèrent contre elle, et Florence s'en empara une première fois, après un long et cruel siége, en 1406 ; — elle se révolta et chassa les Florentins ; nouveau siége en 1499 ; et un troisième en 1509. Cette fois Pise ne put être prise que par famine et après qu'elle eût supporté d'horribles souffrances ; Florence après l'avoir dévastée, démantelée, la garda définitivement.)

Après un long exil très fructueux pour eux, puisqu'ils avaient pu s'occuper uniquement de leurs affaires, les Médicis avaient été ramenés dans la ville, et l'un d'eux *Giovanni il banchiere*, Jean, dit le Banquier, à cause de ses nombreuses affaires de banque, fut nommé gonfalonier en 1421 ; la république avait grand besoin d'un gouverneur habile et ferme, fatiguée comme elle l'était des luttes intestines, et engagée d'ailleurs dans une guerre désastreuse contre le Milanais. Jean, plus sage que Salvestro, apaisa les factions et mit fin à la guerre ; il dirigea l'activité des Florentins vers le commerce et les arts, prépara l'heureuse période de son illustre fils Cosme, et mourut regretté en 1428. Il fut l'inventeur des billets de banque et des effets de commerce, et facilita ainsi les transactions de l'industrie.

Jean laissait deux fils : ils furent pères d'une postérité renommée et tiges de deux branches bientôt désunies et plus tard ennemies : 1° la ligne de Cosme l'Ancien, l'aîné des deux frères : elle s'éteignit en 1537 ayant donné naissance aux papes Léon X et Clément VII et à Catherine, femme de Henri II de France ; 2° celle de Laurent, d'où sont sortis Cosme Ier, grand-duc, deux autres papes et Marie, femme de Henri IV de France ; la ligne masculine de cette branche s'éteignit en 1737. Le titre de grand-duc avait été donné à Cosme en 1569.— Ainsi depuis 1421, quand Jean fut fait gonfalonier, jusqu'en 1737, soit pendant 316 ans, les Médicis gouvernèrent la Toscane presque sans interruption.

Cosimo il vecchio, Cosme l'Ancien, le père de la patrie, fut le plus illustre, le meilleur des Médicis et l'un des meilleurs citoyens qui aient jamais existés; il eut toutes les qualités de son père et les porta au degré suprême; — il est vrai que le temps lui permit de le faire: né en 1389, il succéda à son père comme *modérateur* en 1413 et mourut en 1464 à 75 ans. Ainsi pendant 51 années il régna sur la Toscane, sans titre officiel, car il n'en voulut accepter aucun, et sans autre autorité que celle que lui donnaient sa sagesse, ses vertus, ses bienfaits, et la félicité dont, grâce à lui, jouissait son pays. — Bien qu'il n'eût que 24 ans à la mort de son père, ses grandes qualités l'avaient déja rendu cher au peuple, et lorsqu'en 1430 il fut nommé gonfalonier, il accepta les exigences de l'emploi sans se soucier du titre; mais il gênait des êtres turbulents et intrigants, les uns démocrates forcenés, les autres nobles arrogants qui, sacrifiant le bien-être de la patrie à leurs utopies et à leur ambition égoïste, jalousaient, détestaient l'excellent chef qu'ils eussent dû chérir. Les Albizzi surtout, famille puissante et orgueilleuse, haïssaient le jeune Cosme; ils excitèrent une sédition, Cosme fut saisi, emprisonné; il échappa par miracle au poignard et fut banni. Bientôt toutes les affaires allèrent mal, et nobles et bourgeois ranimèrent leurs vieilles querelles. Au bout d'un an il fallut rappeler Cosme; il ne se vengea qu'en prodiguant ses efforts, sa fortune immense, sa sagesse déjà consommée, au bien-être de son pays, aux progrès des arts et de l'industrie, et sous l'action de cette main à la fois si ferme et si paternelle, la Toscane fut longuement paisible et fortunée.— Lucca Pitti, riche négociant et homme fastueux avait été nommé gonfalonier à la prière de Cosme: fier de cet honneur, il voulut habiter un palais qui surpassât en somptuosité le Palazzo vecchio, où siégeait le gouvernement: — il fit donc construire sur la rive gauche de l'Arno et contre la colline du Belvédère, le palais qui porte encore son nom ; il y mit toute sa fortune et emprunta à tous ses amis ; Cosme même lui prêta, ou plutôt donna, une somme considérable, et Pitti mourut en 1445 avant que son ruineux palais fut terminé. Quatre ans après, une dame, Léonore de Tolède, alliée aux Médicis, l'acheta pour 9,000 florins d'or, et le donna aux Médicis, qui en firent leur demeure. — C'est de là qu'en 1859 le dernier grand-duc partit pour l'exil. Cosme avait gouverné de par l'amour du peuple, il ne voulut être rappelé à la mémoire du peuple que par le souvenir de ses bienfaits ; une simple pierre lapidaire marque sa tombe dans l'église de San-Lorenzo. Florence reconnaissante considéra Cosme comme la tige d'une dynastie légitime et universellement acceptée.

Pierre Ier fils de Cosme, né en 1414, gouverna pendant cinq années — 1464-69. Il n'eut de son père que les bonnes intentions, encore les siennes furent elles trahies par un caractère inquiet, irrésolu, et par une santé toujours chancelante ; aussi fut-il en butte à des tracasseries continuelles. Pour y mettre ordre il s'était associé son fils Laurent. Pierre étant mort, Laurent et son frère Julien furent présentés au peuple par Soderini, ami de la famille et homme considérable, et les deux jeunes gens furent adoptés par l'état ; mais les factions se réveillèrent, impatientes d'en venir aux mains.

Les Pazzi, riche et puissante famille de banquiers, jalousaient particulièrement les Médicis ; — ils se liguèrent avec de grands personnages que la fortune de Florence offusquait; le pape Sixte IV, Ferdinand, roi de Naples, et Salviati, archevêque de Pise, qui était Pazzi, et avec divers chefs d'autres familles, et même avec des démocrates influents, trompés par les belles choses que les Pazzi disaient sur la liberté. — O fureur des factions ! c'est dans la cathédrale même, pendant l'office divin (en 1472), que les jeunes Médicis devaient être poignardés. — Deux des Pazzi se chargèrent de Julien, et deux prêtres, dont l'un était curé, promirent de tuer Laurent. — Les quatre conjurés se ruèrent ensemble sur les deux frères : Julien fut égorgé et Laurent blessé; mais celui-ci, vigoureux et brave, échappa aux poignards ; — le peuple se souleva, mais pour délivrer Laurent et punir les conspirateurs; l'archevêque fut saisi et pendu immédiatement à la fenêtre du vieux palais, dans ses habits sacerdotaux; le curé et soixante-dix des conjurés furent également pendus aux fenêtres des maisons où ils s'étaient réfugiés, ou exécutés plus tard, et cette conjuration sacrilége, au lieu d'abattre les Médicis, leur donna une souveraineté officielle qu'ils n'avaient pas obtenue jusqu'alors. Le fougueux poëte Alfieri a fait sur la conjuration des Pazzi une des ses.... dirai-je tragédies ou vociférations? les plus forcenées; car dans presque toutes ses pièces, on débute en vociférant pour finir de même. — Il est vrai que, comme il n'admet point de confidents, ses rageurs sont généralement gens comme il faut.

Laurent dit le Magnifique, avait d'abord gouverné conjointement avec son père, puis avec son frère Julien. En 1478 il devint chef unique et suprême ; — c'était l'époque où faisait explosion dans Florence l'amour des lettres et des arts, qui méritait à cette ville le titre de nouvelle Athènes. Laurent, très lettré, homme d'infiniment d'esprit et de bon jugement, et généreux autant qu'instruit, seconda le mouvement de sa fortune et de son influence : point d'efforts, point de noble initiative qu'il n'encourageât. Ses largesses, son amabilité et sa bienveillance lui gagnaient tous les cœurs.— Michel-Ange, le travailleur infatigable, Pic de la Mirandole, ce prodige d'érudition précoce, le savant et spirituel Politien et vingt autres hommes d'élite formaient sa société habituelle. A l'amour des arts il joignait l'éloquence et de grands talents militaires, et il défendit son pays par sa valeur comme il l'illustrait par ses autres qualités ; aussi le surnomma-t-on le Bouclier de la Toscane, le père des muses et le favori des arts. Florence, sous son administration, arriva au comble de la gloire, au sommet de sa haute fortune. Malheureusement il mourut jeune encore, en 1492, à 44 ans, et après avoir gouverné seul pendant 14 ans. — Les Médicis se suivent, mais hélas ! ils ne se ressemblent pas !

PIERRE II n'eût rien de la sagesse, de la vigueur de son père. Le peuple toujours avide de changement et disposé à l'ingratitude, était d'ailleurs travaillé par les prédications furibondes de Savonarola, moine dont nous parlerons, et le mécontentement était déjà grand lorsqu'en 1494, Charles VIII de France, qui envahissait l'Italie, entra à Florence (17 septembre, le jour même où mourrait à Florence Pic de la Mirandole). Pierre, pour se le concilier, souffrit qu'il mit des garnisons dans la plupart des places fortes toscanes, et il n'en obtint qu'une neutralité dédaigneuse. Florence, indignée, se soulève et bannit Pierre et ses deux frères (Jean, qui fut pape, et Julien, qui fut duc). Les républicains eurent alors beau jeu : les palais des Médicis furent saccagés, dévastés, leurs trésors pillés, les richesses artistiques qu'ils avaient rassemblées furent dispersées ; en vain Pierre essaya quatre fois de rentrer dans Florence ; il s'aida même des troupes et des talents de l'infâme César Borgia : Florence résista. — Pierre, errant à l'étranger, perdit la vie en 1509, par accident, s'étant noyé dans le Garigliano, près de Gaëte.

En 1488, un moine dominicain, Ferrarais, était venu se fixer à Florence et s'était bientôt emparé de l'esprit de la populace par l'éloquente véhémence de ses objurgations ; — il s'attaqua d'abord au luxe de Laurent le Magnifique, et Laurent laissa déblatérer un réformateur fanatique qui ne comprenait rien à son époque. Savonarola, bigot atrabilaire et démagogue ardent, redoubla de violence contre le faible Pierre ; il prêchait en même temps contre les arts, et faisait brûler tout ce qu'il pouvait se procurer des œuvres de Dante, de Pétrarque et de Boccace, qu'il disait fils de l'enfer ; de là la grande rareté des manuscrits et des premières éditions de ces grands écrivains ! Pierre étant exilé, Savonarola fut quelque temps le maître, et façonna à sa guise les républicains de Florence; puis il s'attaqua au pape et aux ordres religieux autres que le sien, c'est ce qui le perdit : les moines, dont il blâmait les dérèglements, ameutèrent contre lui la populace, il fut assiégé dans son couvent, saisi, et brûlé vif en 1498. Ses partisans prirent le nom de *piagnoni* (pleurnicheurs), et son ami Nicolo de' Lapi est le héros d'un très intéressant roman historique, de notre contemporain Massimo d'Azeglio, sur la prise de Florence, dont nous allons parler. Seulement ce roman porte un titre absurde : *Gli ultimi giorni d'un popolo !* — les derniers jours d'un peuple ! comme si un peuple cessait d'exister parce que la forme de son gouvernement change ! O sottise de l'esprit de parti ! — Deux fois la France a été mise en république, et Dieu sait comment ! et deux fois elle a préféré autre chose, et sans en mourir, au contraire !

La plus affreuse anarchie désolait Florence lorsqu'en 1502 on essaya de s'entendre ; alors Pietro Soderini fut nommé gonfalonier perpétuel. Il fit de son mieux pour rappeler l'ordre dans le chaos, et y réussit parfois. — Cependant, au bout de dix ans, les partisans des Médicis s'emparèrent de lui et le forcèrent à abdiquer. — Le célèbre Machiavel perdit alors sa place de secrétaire de la République, qu'il avait exercée longtemps, et fut en butte aux persécutions : issu d'une famille qui avait compté jusqu'à treize gonfaloniers ; lui-même homme du plus grand mérite, il fut impliqué dans une conspiration contre les Médicis, faillit perdre la vie dans les tortures, et se retira dans la solitude, où il composa ses immortels ouvrages. Outré de l'abdication de son patron, il s'en vengea par ce quatrain :

La notte che morì Pier Soderini
L'alma n'andò dell'inferno alla bocca,
E Pluto le gridò ; anima sciocca
Che inferno ! va nel limbo dei bambini !

« La nuit que mourut Pierre Soderini, son âme s'en alla » aux portes de l'enfer, et Pluton lui cria : Ame imbécille !

» que viens-tu faire ici ? va-t-en aux limbes avec les bam-
» bins. »

Julien II, frère de Pierre, après mille contestations, gouverna pendant deux ans (1512-13) et eut pour successeur son neveu, fils de Pierre.

Laurent II n'avait que onze ans à la mort de son père, et comme lui il avait été déclaré rebelle à la République. — Mais son oncle Jean étant devenu pape sous le nom de Léon X, s'empara du duché d'Urbin, en investit Laurent et fit tous ses efforts pour lui soumettre la Toscane. Laurent fut donc nommé gonfalonier et s'entendit avec le pape pour maîtriser le parti républicain ; — élevé loin de Florence et n'ayant aucune affection pour un peuple qui le détestait, il gouverna sans gloire jusqu'en 1519. — Il était père de cette Catherine qui fut femme de Henri II et mère de deux de nos plus mauvais rois, femme astucieuse, cent fois plus habile politique que son père, mais dont la politique égoïste et perfide n'était pas celle de la France.

Deux ans après la mort de Laurent mourait le grand pape Léon X (1521), et alors se tarissait le sang légitime des Médicis de la branche aînée. Laurent laissait un fils bâtard, dont prit soin le cardinal Jules, chef de la branche cadette. Jules prenait aussi soin d'un autre bâtard, le jeune Alexandre, qu'on disait fils de Julien et d'une esclave Mauresque; mais telle était sa tendresse pour ce mauvais sujet que bien des gens lui en attribuait la paternité. Jules étant devenu pape sous le nom de Clément VII confia la garde des deux jeunes gens et l'autorité dans Florence pendant leur minorité, au cardinal de Cortone ; les patriotes Florentins, les Piagnoni surtout, prirent en haine ce régent et le forcèrent à s'enfuir à Rome avec ses deux pupilles ; — une fois encore les Médicis furent chassés de Florence et leurs biens furent pillés ; cet événement exaspéra Clément ; il jura d'en tirer vengeance et de ramener les Médicis à Florence.

Clément VII avait cependant à se venger de bien d'autres outrages ! Elu pape en 1523, après le court pontificat d'Adrien VI, successeur de Léon X, il avait formé le projet de protéger l'Italie contre les entreprises de l'ambitieux Charles-Quint : — à cet effet, il se ligua avec la France, l'Angleterre et la république de Venise ; mais les Vénitiens seuls envoyèrent quelques troupes, et l'armée austro-espagnole, renforcée d'une foule de vagabonds de tous pays, vint mettre le siége devant Rome, dont leur chef, le connétable de Bourbon, leur avait promis le pillage. Bourbon fut tué dès le premier assaut, Benvenuto Cellini, le grand sculpteur, se vanta toute sa vie de l'avoir abattu d'un coup d'arquebuse. Rome n'en fut pas moins prise (6 mai 1527), et pendant neuf mois pillée, saccagée, remplie d'abominations par les hordes du roi très catholique. Le pape lui-même fut maltraité, tenu prisonnier pendant sept mois dans le château Saint-Ange, et il n'en sortit qu'après que Charles-Quint eut pris toutes ses sûretés contre lui, et lui eut fait payer une rançon énorme.

Sacrifiant une haine à l'autre, Clément se réconcilia avec l'empereur, et obtint que cette même armée pillarde et impie allât assiéger Florence ; il se joignit, lui pape et Florentin, aux bourreaux de Rome, et Florence fut investie ; — alors elle implora l'assistance des villes voisines ; mais elle les avait opprimées, pressurées, et toutes l'abandonnèrent. Les Florentins confièrent la défense de la ville à Malatesta, condottière renommé, et si bon républicain que le mot liberté résonnait dans toutes ses phrases ; il l'avait écrit sur sa porte, sur ses armes, et le traître était vendu au pape ! Aussi après un siége cruel et qui dura une année, en 1530, Florence dut se rendre et subir les exactions des vainqueurs. Les patriotes furent pillés, persécutés, et tous leurs chefs furent bannis. — Michel-Ange, qui s'était enfermé dans la ville et l'avait fortifiée, défendue, aurait été massacré s'il n'eut réussi à se cacher dans un clocher. — Clément, libre de choisir entre les deux bâtards ses protégés, donna la préférence à Alexandre et voulut qu'on lui accordât le titre de doge et l'autorité souveraine. Il ne pouvait mieux se venger de Florence.

Alexandre Ier était un être abominable : il se contint d'abord, mais Clément venant à mourir, Alexandre libre de tout frein, se livra à tous les excès, désola Florence par ses débauches, l'épouvanta par ses crimes ; il fit d'abord empoisonner le cardinal Hypolite, son parent, qui le gênait, et cette Africaine qu'on disait être sa mère, et dont il rougissait ; — il aurait égalé César Borgia en scélératesse et Ezzelin da Romano en implacable cruauté, s'il n'avait eu dans sa famille un ennemi secret, le républicain Lorenzino, son cousin, qui le poussait au crime pour mieux le perdre. Lorenzino l'attira chez lui sous prétexte d'intrigue amoureuse et l'assassina (1537). Cette trahison ne lui profita pas. Les Florentins, bien aises d'être débarrassés du tyran, chassèrent le meurtrier qui, quelques années après, fut égorgé à son tour par ordre de Cosme Ier son parent. Alexandre est le seul des Médicis qui n'aima pas les beaux-arts, le seul qui, régnant, ait été assassiné ; tandis que les Visconti de Milan, pires que les pires des Médicis, périrent presque tous de mort violente.— (Notre inépuisable, infatigable Alexandre Dumas père a composé sur la mort de l'autre Alexandre son drame de *Lorenzino*, fort habilement arrangé, mais de peu d'intérêt ; car comment s'intéresser à des personnages si odieux ? C'est le défaut d'une multitude d'autres pièces.)

Alexandre laissait un bâtard qui ne lui succéda pas. Les bâtards étaient nombreux parmi les Médicis, et nous verrons les deux branches s'éteindre faute d'héritiers légitimes. C'en est donc fait de la branche aînée.— Dans l'autre branche, le fameux condottière, Giovanni, dit *il grand Diavolo*, mort de ses blessures en 1526, avait été longtemps le personnage le plus remarquable. Il laissait un fils qui possédait quelques-unes des grandes qualités de son père. — Les Médicis le firent accepter aux Florentins, et le rusé Charles-Quint approuva leur choix, car ce fut pour lui une occasion de mettre garnison dans les places fortes de la Toscane.

Cosme Ier (1537) prit d'abord pour modèle l'ancien Cosme et Laurent le Magnifique, à qui il ressemblait par plus d'un point. Comme eux il aimait les lettres et les arts ; mais bientôt il sacrifia cet amour à celui des richesses et à une idée fixe : il était déjà doge, c'est-à-dire duc, il voulait être grand-duc, n'osant prétendre jusqu'à la royauté. Il se fit donc le lieutenant de l'empereur et le courtisan de deux papes ; il devint intrigant, inquisiteur, oppresseur, bourreau politique et religieux ; il embellissait et fortifiait ses villes ; mais il pressurait, ruinait ses sujets. Des désappointements l'aigrirent, des malheurs domestiques achevèrent d'assombrir son caractère. Un jour deux de ses fils étant à la chasse se prirent de querelle : ils se battirent, l'un fut tué, le père, furieux, poignarda l'autre, et leur mère en mourut de douleur. (Alfieria a écrit, sur ce drame sanglant, sa tragédie de *Don Garcia*, une de ses plus navrantes.) Bientôt Cosme ne se contenta plus de bannir tous ceux qui lui faisaient ombrage, il les fit assassiner à l'étranger. — En vain les patriotes se soulevèrent et se rangèrent sous l'étendard de Philippe Strozzi, ils furent vaincus et leurs chefs périrent sur l'échafaud. Florence perdit alors jusqu'à l'ombre de la liberté. — En 1555 Sienne fut cédée à la Toscane par Philippe II d'Espagne en échange d'Orbitello (Orbitello petite place forte et port de mer sûr et commode, au sud de la Toscane, 2,400 habitants). Quatre ans plus tard Cosme obtint enfin du pape Pie V ce titre de grand-duc, que lui refusait encore l'empereur, titre acheté par tant d'intrigues, de crimes et de bassesses ; il n'en fut pas plus heureux, et il mourut, détesté, en 1574.

(Sienne, l'antique Saena, et Sena-Julia, a maintenant 22,000 habitants ; elle en eut jusqu'à 100,000 au XIIIe siècle. Elle n'a rien d'étrusque, ayant été fondée par César. République en l'an 1200, elle se rendit redoutable à Pise, et à Florence qui l'avait longtemps possédée ; Sienne était gibeline et Florence guelfe : la guerre fut longue entre ces deux villes rivales et voisines. — L'artificieux tyran Pandolfo Pétrucci s'en empara et la vendit à Florence ; Pétrucci étant mort, Sienne bannit cette famille et redevint maîtresse chez elle, puis elle fut en proie aux dissensions populaires et batailla contre tous ses voisins. — Prise par les français, puis par les espagnols, Philippe II la céda aux Florentins; mais Sienne ferma ses portes et supporta un long et cruel siège, et quand en 1555 les Florentins y entrèrent enfin, sa population de 40,000 habitants était réduite à 6000 ! — Sienne, située sur un haut plateau, jouit de l'air le plus pur : c'est la ville la plus gaie de l'Italie ; c'est aussi celle où l'on parle le mieux la *bella lingua Toscana ;* elle est encore remarquable par la beauté des femmes ; aussi Uberti, dans le 3e chapitre de son *Dittamondo*, dit de Sienne :

Città ch'è posta in parte forte e sana :
Di leggiadria, di bei costumi è piena,
Di vaghe donne et d'uomini cortesi ;
E l'aere è dolce, lucida e serena.)

Fançois Ier, fils de Cosme, gouverna comme régent jusqu'à ce qu'il eût obtenu de l'Autriche la ratification de son titre de grand duc (1575) ; il avait les qualités et les défauts de son père ; il en continua la politique et fut tyran chez lui et courtisan ailleurs ; sûr de l'Autriche comme du pape, il devint avare et oppresseur, s'empara du commerce, écrasa d'exactions et de tracasseries les autres commerçants, et acquit d'immenses richesses, tout en ruinant ses compétiteurs. — Cependant, comme son père, il aimait les arts, il était chimiste très distingué et fit plusieurs découvertes dans cette science ; il fonda la magnifique galerie de tableaux *degli uffizi* (le grand Musée) et l'académie *della crusca* florit sous sa tutelle ; — la belle Bianca Capello joua un grand rôle dans sa vie : c'était une jeune vénitienne de famille noble, qu'un aventurier avait enlevée ; ils s'introduisirent dans la faveur de

François. Celui-ci, bientôt éperduement amoureux, fit de Bianca sa maîtresse et donna un poste brillant à l'aventurier ; puis, le trouvant importun, il le fit assassiner. Devenu veuf en 1578, François épousa en grande pompe sa chère vénitienne ; le cardinal Ferdinand, frère de François, désapprouva ce mariage, et lorsqu'en 1587 François et sa femme moururent en même temps et d'une manière fort étrange, on accusa Ferdinand de les avoir empoisonnés. — On regrette d'avoir à soupçonner de ce crime un des meilleurs Médicis qui aient vécu; il fut appelé à succéder à François, car celui-ci ne laissait point d'enfants mâles, et malgré ses feintes grossesses, Bianca n'était pas devenue mère.

Ferdinand Ier, en échangeant son chapeau de cardinal contre la couronne ducale, se fit relever de ses vœux et se maria; puis il s'appliqua à faire oublier à la Toscane le règne de ses trois prédécesseurs. — Disons d'avance qu'après trois mauvais princes nous allons en voir trois autres dont la bonne administration dédommagera la Toscane de ce qu'elle avait souffert. Ferdinand remit les lois en vigueur, substitua une liberté sage à l'arbitraire, fit respecter son pays et l'enrichit en lui rendant la liberté du commerce et en protégeant toutes les transactions fructueuses et honorables ; — il fonda ou plutôt rétablit, agrandit le port de Livourne, alors presque inarbordable, et fit dessécher de vastes maremmes pestilentielles qui devinrent des terres fertiles. -- Ami de notre Henri IV, il l'aida à conquérir son trône en lui prêtant de grosses sommes qu'Henri oublia de lui rendre ; puis il lui donna en mariage, y compris une très grosse dot, sa jeune nièce, fille de la première femme de François. — Cependant la politique finit par les brouiller, et François, en dépit de Henri, fit épouser à son fils Cosme une princesse autrichienne. — On lui reproche diverses autres tergiversations et son goût pour la politique tortueuse ; mais c'était le défaut de son temps et surtout de son pays. Ferdinand régna de 1587 à 1609 et mourut un an avant Henri IV.

Ainsi la Toscane nous a donné deux reines dont nous

n'avons pas à la remercier ; —'elles furent l'une et l'autre veuves de maris morts de mort violente, régentes, et elles moururent également obscures et méprisées. Catherine, fourbe et sanguinaire, organisa la St-Barthélemy, et Marie eut le tort immense de ne montrer ni étonnement, ni douleur lorsqu'elle apprit la mort si déplorable du bon Henri. — Régente inhabile, chassée de France par Richelieu, abandonnée de son fils Louis XIII, elle mourut à Cologne en 1642.

(Livourne, *Livorno*, 75,000 habitants ; *Liburna, Liburniens portus*, ancien port romain qui n'a plus rien de romain. Ce n'était plus qu'un village en 1250 ; les génois le prirent, améliorèrent le port et le cédèrent aux florentins en 1421.

Ferdinand fit faire de grands travaux à ce port, devenu le Pyrée de Florence ; il en commença les fortifications, augmentées par ses successeurs et démolies de nos jours ; leurs vastes masses de maçonnerie ont servi à faire un nouvel et spacieux avant-port. Livourne, ville très active et essentiellement commerciale, s'occupe peu de beaux-art ; c'est la prose de la Toscane, mais une prose fort bénéficielle).

Come II, fils de Ferdinand, n'avait que dix-neuf ans à la mort de son père : on craignait que sa jeunesse, son inexpérience ne nuisissent à son administration ; mais il étonna l'Italie par la précoce maturité de ses talents, par une sagesse au-dessus de son âge. Il prit son père pour modèle, il en imita la politique patriotique et généreuse ; il rehaussa la sienne par des vues plus larges et des efforts plus soutenus ; aussi la Toscane le pleura-t-elle lorsqu'il mourut en 1621, si jeune encore et laissant un fils âgé seulement de onze ans.

Ferdinand II gouverna de nom, jusqu'en 1628, sous la tutelle de sa mère ; puis il continua l'œuvre de restauration de son père et de son aïeul ; mais s'il les égala par les bonnes intentions, leur habileté lui fit souvent défaut ; il manquait de caractère; ainsi laissa-t-il lâchement traîner à Rome, en 1633, Galilée, son sujet et dont il admirait la science; Galilée, alors septuagénaire et infirme, persécuté par d'ignorants bigots et cité au tribunal de l'inquisition. — Cependant, comme ce prince était bon, affable, généreux, il était populaire; on le blâmait et on le chérissait; c'était justice, car la Toscane atteignit, sous son administration, à un merveilleux degré de prospérité; et quand il mourut, en 1670, il fut universellement regretté.

Cosme III, fils de Ferdinand II, commença à régner en 1670. Le nom des Médicis avait repris tout son lustre, et la Toscane était heureuse et prospère. Cosme avait 27 ans, âge où l'homme est dans la plénitude de toutes ses facultés, et son pays espérait tout de lui; mais la bonne fortune abandonnait les Médicis; Cosme, dans un corps vulgaire, avait une âme plus vulgaire encore : bigot, superstitieux, soupçonneux, tracassier, sans aucun amour des belles et grandes choses, c'était un moine inquisiteur plutôt qu'un prince, et il fit toutes sortes de sottises. — Il fit surtout trois mariages déplorables et qui amenèrent la ruine de sa maison : le sien d'abord, puis ceux de son fils et de son frère. Cosme, laid et grossier, avait épousé en 1661 une duchesse d'Orléans, nièce de Louis XIV, et elle lui avait donné deux fils et une fille. — C'étaient des époux très mal assortis! La duchesse s'enfuit en 1675, se retira à l'Abbaye de Montmartre et se livra en toute liberté à son goût pour les plaisirs; rien ne put la décider à retourner près d'un mari qu'elle détestait. Le fils aîné de Cosme mourut d'une maladie contractée chez les courtisanes vénitiennes, et il ne laissa pas de postérité. Le second fils, Gaston, prince aimable, brave, spirituel, eut pu relever le nom des Médicis, il n'y fallait peut-être qu'une femme digne de lui; — son père le força d'épouser la veuve du prince de Neubourg, grosse allemande aussi laide que riche, et que Gaston ne pouvait souffrir! elle ne lui donna pas d'enfants et dût bientôt reprendre le chemin de son pays.

Cosme, voyant s'éteindre sa famille, détermina son frère le cardinal à imiter celui qui avait été Ferdinand Ier et fit épouser à ce frère, vieux et très laid aussi, la charmante Eléonore de Gonzague, fille du duc de Guastalla, et qui n'avait que dix-sept ans ; elle se laissa marier, mais ne souffrit pas que son triste mari approchât d'elle, et le bonhomme en mourut de chagrin. — Alors Cosme voulut que sa fille Anne, épouse de Guillaume, duc Palatin, succédât aux derniers mâles de la famille ; — mais en 1718, la France, l'Angleterre, l'Autriche et la Hollande décidèrent de partager l'Italie entre les maisons de France et d'Autriche, et la Toscane fut adjugée à l'infant Don Carlos d'Espagne. Cosme vit ainsi disposer de son bien sans savoir qu'y faire, et continua de régner honteusement jusqu'à sa mort, en 1723.

Ce long règne de 53 ans, tourmenté par une infinité d'intrigues, de contretemps, d'extravagances, avait excessivement fatigué la Toscane, et la laissait appauvrie et humiliée.

Gaston (Jean), septième et dernier grand-duc, avait 53ans à la mort de son père ; il ne lui succéda qu'à contre-cœur, en usufruitier, en homme désillusionné de toute chose. Cependant il montra de la sagesse, de la vigueur, et ranima par patriotisme l'astre des Médicis près de s'éteindre. La guerre éclata entre la France et l'Autriche ; Don Carlos s'empara de Naples, et pour rétablir ce qu'on nomme l'équilibre européen (maintenir l'équilibre européen ! une des phrases les plus burlesques qu'on puisse imaginer ! Voyez, par exemple, l'équilibre entre la Prusse et le Danemark !) Les mêmes puissances qui lui avaient donné la Toscane la lui ôtèrent et la repassèrent à l'archiduc autrichien François-Etienne, duc de Lorraine, qui, à son tour, céda son duché de Lorraine à l'ex-roi Stanislas de Pologne. Le pauvre Gaston, témoin indigné et impuissant de ce brocantage, mourut en 1737, laissant bien à regret la Toscane à des maîtres étrangers au sang des Médicis, au sang Italien même....... Six ans après, sa sœur, la princesse palatine, mourut aussi. Elle avait cédé ses droits, ses biens particuliers, les collections artistiques des Médicis, au duc de Lorraine, moyennant une pension de 40,000 écus. — Ainsi s'éteignit cette famille si longtemps illustre et puissante, après avoir donné à la Toscane cinq gouverneurs sans titres, un duc et sept grands-ducs ; à l'église nombre de prélats, de cardinaux, et surtout les deux papes dont nous avons parlé ; les papes Pie IV, qui régna pendant quatre ans, et Léon XI, florentin, élu en 1603, et qui ne régna que vingt-sept jours, étaient aussi d'origine médicéenne. Enfin cette famille s'était alliée à nombre de maisons princières et même royales, et avait joué un grand rôle dans les affaires de l'Italie. Il reste encore des Médicis, à des degrés très éloignés, et surtout à Naples, dans la famille des Ottoiano.

LA TOSCANE DEPUIS LES MÉDICIS.

1737. François-Etienne, archiduc d'Autriche, prend donc possession de la Toscane et s'installe au palais Pitti, l'aigle des Hapsbourg remplace les boules de l'écusson médicéen ; les gibelins renaissent et triomphent, les vieux guelfes se font gibelins, — et l'Italie tout entière, — je répète *tout entière,* se germanise. Qu'y faire ? Richelieu dormait dans la tombe depuis 95 ans, et le père du grand Napoléon ne faisait que de naître. La Toscane prenait ses ordres à Vienne ; ce n'était plus qu'une secondo-géniture de la maison d'Autriche ; elle ne pouvait cependant être jointe à la couronne impériale. — Ainsi en 1745, le grand-duc François II, devenu empereur d'Autriche sous le nom de François Ier, laissa la Toscane à son deuxième fils Léopold Ier. Ce prince était un aimable philosophe, un judicieux législateur ; il était, il faut l'avouer, bien préférable à plusieurs des Médicis : — il fit refleurir la Toscane. Montant à son tour au trône impérial en 1790, il prit le titre de Joseph II et laissa son duché italien à son fils, qui prit le nom de Ferdinand III, alors qu'éclatait la révolution française. En 1796, le général Bonaparte s'empara de la Toscane et fit la loi à

Florence. Avant d'aller plus loin, disons sur cette famille ce que nous savons de plus authentique.

En 1268 le nom de Buonaparte apparait pour la première fois dans les annales de Florence, sous le premier gouvernement consulaire, alors que Florence était journellement agitée par les querelles des guelfes et des gibelins. La famille Bonaparte, originaire de San-Miniato, bourg près de Florence, qui a aussi donné naissance à l'illustre famille des Borromées, était venue s'établir à Florence et tenait pour les gibelins. Le capitaine Nicolas Bonaparte fut exilé par les guelfes. — 1441, Leonardo-Antonio Buonaparte, gibelin, est décapité par ordre du parti opposé.— En 1530, Giacopo Buonaparte écrit la chronique du siége de Rome, événement récent et auquel il avait sans doute pris part. — En 1567, un membre de cette famille s'était établi à Ajaccio, en Corse, et y portait le titre de messire ; ce fait est prouvé par un document irrécusable, que le grand'père de Napoléon fit rédiger et vérifier. On voit par cet acte que les Bonapartes d'Ajaccio sont bien issus de ceux de Florence, et que longtemps avant la naissance de Napoléon, ses ancêtres habitaient la Corse, et y tenaient un rang honorable. Des Bonapartes ont aussi habité Sarzanna, petite ville sur la frontière de l'Etat génois : on les y retrouve encore en 1612 ; étaient-ils de la même famille ? Il est certain, du moins, que Florence a été également le berceau des Médicis et des Bonapartes. Remarquons encore que grâce aux Bonapartes, en 1859 comme en 1796, les Autrichiens ont été chassés de Florence, où des Italiens les ont remplacés.

Le 21 juin 1801, traité entre la France et l'Espagne : Selon la volonté déjà toute puissante du premier Consul Bonaparte, les Etats de Parme sont cédés à la France, qui se dessaisit de la Toscane en faveur de l'infant, prince de Parme, Louis de Bourbon. Celui-ci prend le titre de Louis Ier, roi d'Etrurie, et vient à Paris recevoir la couronne. Prince nul, jouet des jésuites, il meurt le 27 mai 1803. Son fils, jeune enfant, lui succède sous la tutelle de sa mère, Marie de Bourbon. En 1807, le pauvre petit roi échange, bon gré mal gré, son royaume contre des provinces portugaises non encore conquises, et la Toscane forme les trois départements français de l'Arno, l'Ombrone et la Méditerranée.

L'aînée des sœurs de Napoléon, Elisa, mariée à vingt ans avec un seigneur Corse, Félix de Bacciochi, avait été créée en 1805, duchesse de Lucques et de Piombino ; en 1809 la Toscane redevient grand-duché avec les Bacciochi pour maîtres, ou plutôt ayant Elisa pour souveraine, car son époux, homme excellent, mais peu fait pour régner, lui laissait le soin de l'administration. Elisa gouverna avec sagesse et avec fermeté, jusqu'à l'écroulement du trône impérial ; elle mourut en 1820. Comme tous les Napoléons qui ont occupé un trône, elle fut digne de sa haute fortune : régnante, on la chérissait, détrônée, elle fut longuement regrettée.

1814. L'Autrichien Ferdinand III est refait neuvième duc et rentre à Florence, et l'île d'Elbe est donnée à la Toscane.

(*L'île d'Elbe* est l'antique Oetalia des Grecs. Les Génois s'en emparèrent en 1050, puis ce furent les Pisans ; ils la cédèrent à Lucques, puis la reprirent. César Borgia s'en empara ensuite : en 1554 le corsaire Barberousse la dévasta et en enleva tous les habitants ; après d'autres calamités, elle se trouva réunie aux Deux-Siciles, puis tomba au pouvoir de la France.— Du 1er juin 1814 au 26 février 1815, elle eut pour souverain l'ex-empereur Napoléon. L'île d'Elbe, terre fertile et riante, a 4,000 habitants, et possède des mines de fer exploitées dès le temps des Romains).

Léopold II succède, en 1824, à son père Ferdinand. En 1847-48 la politique agitait l'Italie ; grande était déjà l'indignation contre le despotisme et contre les menées de l'Autriche ; la Toscane se soulève et force Léopold à retourner à Vienne ; il en revient, rentre à Florence à l'aide des bayon nettes autrichiennes, et 10,000 Autrichiens, à la charge du duché, y restent pour le maintenir sur son trône. Mais au printemps de 1859, l'entrée des Français en Italie révolutionne tout le pays. Florence, des premières, arbore le drapeau tricolore; le 3 mai, Léopold, chassé encore une fois et définitivement est remplacé par un gonfalonier, et Florence redevient républicaine. Le 12 mai 1860, la Toscane, librement et par choix, se donne au Piémont, comme la Savoie et Nice se donnaient à la France, et Victor-Emmanuel fait une première visite à Florence, puis la Toscane fait partie du royaume central-italien, et enfin, du royaume d'Italie d'aujourd'hui. — Il est décidé que Florence sera la capitale de ce royaume; et le 10 février 1865, Victor-Emmanuel prend possession de sa nouvelle capitale.

INITIATIVE ET INFLUENCE DE LA TOSCANE.

Jadis, les Egyptiens instruisirent, civilisèrent les Grecs,— les Grecs les Etrusques, — et ceux-ci les Romains. Au moyen-âge, les Toscans, ou Etrusques nouveaux, firent l'éducation de l'Italie, et l'exemple de l'Italie poliça le reste de l'Europe lettrée. Ainsi, à 1500 ans d'intervalle, l'Italie dut sa science et son renom à la Toscane, et Florence, sous ce rapport, est beaucoup plus méritoire que Rome même. C'est qu'après sa fortune inouïe, vertigineuse, Rome, jouet de tous les barbares qu'elle avait si longtemps opprimés, Rome glissa de son trône et tomba jusqu'au fond de l'abîme des misères humaines!

Ainsi après l'atroce rivalité de Marius et de Sylla, de César et de Pompée, d'Antoine et d'Auguste; après les crimes monstrueux et les hideuses folies de ses empereurs, Rome est :

En 410, saccagée par Alaric, roi des Visigoths;

En 455, par Genséric, roi des Vandales;

En 472, par Ricimer, roi des Goths ;

En 476, par Odoacre, roi des Hérules, et elle cesse alors d'être le siége de l'empire d'Occident, titre que prend Ravenne. Rome n'est plus que le chef-lieu d'un duché ;

En 546 et en 549 elle est saccagée par Totila, roi des Ostrogoths ;

En 680, papalins et anti-papes, schismes et hérésies, dissensions furieuses qui se prolongent longtemps ;

En 846, elle est prise et dévastée par les Sarrazins; puis pendant un siècle, désolée par les sanglantes querelles des barons romains ;

En 1084, les normands de Robert Guiscard la pillent et en incendient la moitié, et pendant plus de cent ans, elle croupit dans la misère et l'abandon ;

En 1305, elle est tourmentée de dissensions qui forcent les papes à déserter l'Italie, et pendant soixante-dix ans le siége de la chrétienté est à Avignon ;

En 1348, elle est dépeuplée par la peste, puis elle est dévastée par les tremblements de terre, les débordements du Tibre, les napolitains du roi Ladislas et le brigandage de ce qui lui reste d'habitants.

Enfin, Rome n'était plus qu'un cloaque énorme, immonde, presque désert, pendant que Florence, puissante, opulente, achetait Lucques, que les Médicis et autres familles de négociants acquéraient de grandes richesses ; que Dante, Pétrarque et Boccace écrivaient, et que le génie humain opérait en Toscane la grande évolution à laquelle la misérable Rome ne pouvait prendre aucune part.

Pendant ce temps, l'art de la peinture, oublié depuis plus de 1000 ans, se réveillait, s'incarnait chez quelques Toscans. L'antiquité qui nous a laissé de si beaux modèles en sculpture et en architecture, ne nous a transmis aucun chef-d'œuvre de peinture. Les Florentins Cimabue et Gaddi, nés la même année (1240), Simon Memmi et Buffalmaco, leurs imitateurs, ressuscitèrent cet art. Giotto, florentin, lui fit faire de tels progrès qu'on peut le considérer comme le créateur de la peinture moderne. Ainsi les cinq peintres fondateurs de leur art, à la fin du XIIIe siècle, étaient tous Toscans, et quatre d'entre eux étaient florentins (Martini, dit Memmi était Siennais), puis vint Masaccio (1401-1443), l'admirable précurseur de Raphaël, et pour qui le poëte Annibal Caro a fait cette épitaphe :

Pensi, e la mia pittura al ver fù pari ;
L'atteggiai, l'avvivai, le diedi il motto ;
Le diedi l'affetto, insegni il Buonarotti
E tutti gli altri, e da me solo impari.

« Je peignis, et ma peinture fut l'image du vrai : je lui donnai la vie, l'intelligence, le sentiment, et, moi qui n'eus point de maître, je fus le maître de Michel-Ange et de tant d'autres ! » puis les illustres élèves de Masaccio, ces trois princes de l'école florentine : Leonardo da Vinci (1452-1517), Baccio della porta, dit Fra Bartolomeo (1469-1517), et Vannucchi, dit Andrea del Sarto (1488-1530). Remarquons que Michel-Ange, *Michele-Angelo Buonarotti* (1474-1564), s'il n'est pas florentin, est du moins toscan, étant né au château de Caprèse, près d'Arezzo, et que Raphaël Sanzio, l'immortel chef de l'école d'Ombrie, s'il n'est pas toscan, est du moins né près de la frontière toscane (à Urbino, 1483-1520), enfin que tous les deux appartiennent en grande partie à l'école florentine. Inutile de rappeler que Michel-Ange est universellement surnommé le titan des arts ; — pour Raphaël nous reproduirons seulement son épitaphe :

E quel gran Rafael che, vivendo, vinta
Esser credea natura, e morto, estinta.

« Raphaël vivant, la nature se croyait vaincue par lui, et avec lui elle crut mourir. » — L'initiative ne fut pas moindre en d'autres genres : témoin le Florentin Finiguerra qui, en

1350, inventait la gravure moderne, art précieux qui est à la peinture ce que l'imprimerie est à la propagation de la pensée. Les deux sculpteurs florentins, les frères Donati, et surtout celui dit le Donatello (1383-1466), et ce bizarre artiste Benvenuto Cellini (1500-1570), graveur, sculpteur, fondeur, homme étrange de talent comme de caractère ; et l'immortel architecte Brunelleschi (1377-1444), Florentin, qui éleva dans les airs l'immense coupole de la cathédrale de Florence, 100 ans avant que Michel-Ange songeât à imiter cette audace à Saint-Pierre de Rome, et dix autres architectes toscans qui se distinguèrent avant que vînt le tour du Vicentin Palladio.

Si des arts nous passons à la littérature et à la science, la Toscane, et surtout Florence, brille encore au premier rang comme initiative et comme génie ; ainsi pendant que Giotto créait la peinture, le Dante (1265-1321) créait la poésie italienne : le premier il osa délaisser le latin, seule langue dans laquelle on écrivait alors, pour écrire en vers et en prose dans l'idiome de son pays, et il y réussit merveilleusement : sa *Divina Commedia* est un chef-d'œuvre, malgré ses nombreuses obscurités.— Un autre florentin, Bindo, précurseur de Pétrarque, composait alors les premiers vers élégiaques italiens.— Pétrarque (*Petrarca*), né à Arezzo (1304-1374), le poétique amant de la belle Laure de Noves, avignonnaise que la peste tua en 1348, Pétrarque, diplomate, publiciste érudit et surtout poëte, mais dans un genre tout différent de celui du Dante, écrivait également bien dans le latin classique et l'italien naissant, et par ses différents talents, il mérita d'être couronné au Capitole, en 1341, honneur presqu'unique depuis le temps des triomphateurs Romains.—Boccace (1313-1375), l'auteur du *Decamerone*, le charmant conteur à qui Lafontaine a tant emprunté, le premier commentateur du Dante, par ordre de Florence, et l'ami de Pétrarque qu'il pleura et suivit bientôt dans la tombe.—Le Florentin Amerigo Vespucci (1441-1516) qui suivit de près Colomb sans pourtant prendre part aux voyages de celui-ci ; plus lettré que

Colomb il publia les premières relations populaires sur ce Nouveau-Monde auquel il devait donner son nom, sans avoir songé à le faire, ni même s'être douté qu'il en serait ainsi. Notons que l'intrépide Vespucci fit cinq voyages de découvertes, et que s'il ne découvrit pas le continent américain, du moins il aborda le premier aux côtes du Brésil. — Non moins remarquable est le florentin Machiavel (1469-1527), l'éminent diplomate que Florence envoya vingt-trois fois en légation, le grand historien, le publiciste dont l'étrange livre, *Il Principe*, est encore l'objet de tant de controverses; et le Pisan Galilée (1554-1642), le grand astronome, le créateur de la philosophie expérimentale. — Mentionnons encore quelques Toscans célèbres, entre tant d'autres qu'il nous faut négliger faute d'espace: Guicciardini (1482-1540), historien florentin; Pietro Aretino (l'Arétin, 1491-1556), d'Arezzo, à la fois le Beaumarchais et le Rabelais du XVIe siècle; Lulli, florentin, compositeur, et qui créa le grand opéra en France en 1664; les trois historiens Villani, les quatre Strozzi, l'un si érudit, les autres patriotes renommés, et les papes Léon X et Urbain VII (Barberini, élu en 1523), grands amis des arts. C'est Urbain qui sous l'inspection du Bernin (*Bernini*, Napolitain), a peuplé Rome de tant d'œuvres d'art où, il faut l'avouer, le fantasque est plus remarquable que le bon goût. Lorsqu'au XVIIe siècle, la décadence de l'art était évidente à Rome et dans toute l'Italie, quand le maniérisme, le réalisme brutal se substituaient à la grande peinture, un florentin, Carlo Dolce (1616-1686) resta seul fidèle au classique et aux saines traditions; ses saintes et ses vierges disputent la palme à Correggio, à Carlo Maratta, à Raphaël même. — Florence a aussi donné naissance à la plupart des académiciens de la Crusca; elle a, plus qu'aucune autre ville, contribué au perfectionnement de la *bella lingua*, et, la première elle a donné l'exemple de bibliothèques publiques. Enfin la Toscane se vante d'avoir créé un nouvel ordre d'architecture.

FLORENCE — TOPOGRAPHIE — NATURE ET ART.

Après avoir étudié la topographie de la Toscane, afin de bien préciser de quelle partie de l'Italie il s'agit, nous avons esquissé sa biographie. De l'historique passons au descriptif. Voyons ce que la nature et les hommes ont fait pour Florence; et quels sont ses défauts et ses avantages personnels.

Il est désirable que le clocher soit au milieu du village, la capitale au milieu du pays, comme Tolède et Madrid, la vieille capitale et la moderne, sont au centre de la Péninsule hispanique. Si par Florence vous faites passer une ligne perpendiculaire à l'axe de la Péninsule italienne et allant d'une mer à l'autre, elle partagera le pays en deux moitiés d'égale superficie; Florence est donc au centre de l'Italie, c'est le point de jonction entre l'Italie du nord et celle du midi, le point même où l'on fonderait une capitale, si la chose était encore à faire. Comme position, par rapport aux autres villes italiennes, Florence est à peu près à égale distance, quarante-cinq lieues géographiques, de Gênes, de Venise et d'Ancône. Rome en est un peu plus éloignée, cinquante-trois lieues; plus distantes encore, et à distances égales, soixante-douze lieues, se trouvent Turin, Trieste, le détroit de Bonifaccio, la frontière française près de Nice, et la frontière romaine près de Terracine; enfin Naples est la grande ville la plus éloignée, cent douze lieues, comme c'est la plus méridionale des grands villes de terre ferme, et la plus grande de toute l'Italie. Florence est à deux cents lieues et au sud-est de Paris; c'est juste la même distance que de Paris à Berlin, à Edimbourg, à Prague, à Bastia et à Oviedo.

Grâce à nos terribles moyens de destruction, à la rapidité de nos mouvements militaires, il n'est pas prudent qu'une capitale soit située trop près de la mer. Une flotille de monstres cuirassés détruirait facilement Naples; en une seule étape une armée de débarquement serait aux portes de Rome. Florence est à dix-huit lieues de la mer, comme Rouen,

Nantes et Bordeaux. Veut-on, d'ailleurs, en faire une place très forte ? l'assiette de la ville s'y prête à merveille : la forteresse, assez mesquine, du Belvédère, pourrait se changer en une citadelle formidable comme celle d'Ulm ou de Grenoble, et les mamelons du nord semblent attendre des forts détachés.— A Florence, grand centre de mouvement social et industriel, il faut un Pirée digne d'elle : Pise ne peut remplir ce rôle, n'étant plus qu'un lieu de plaisance, de rêveries artistiques ; mais Livourne est là, pleine de vie et d'activité, avec son port vaste et sûr ; elle est reliée à Florence par une route excellente et par un chemin de fer, et l'espace intermédiaire, par sa disposition géographique, peut être défendu pied à pied contre l'ennemi.— Une ville comme Milan, par exemple, aussi mal située que possible, sans rivière, égarée, perdue au milieu de plaines interminables, une telle ville est nécessairement entourée d'une insipidité assommante. — Florence est située au milieu d'une délicieuse vallée : c'est un bijou dans une corbeille de fleurs, ses environs sont gracieux et romantiques, et elle est entourée de perspectives variées.

Cependant Florence n'a pas le cachet insigne de trois villes italiennes qui, bien que si différentes de style, laissent également dans l'âme une impression profonde, ineffaçable ! Ces villes sont, d'ailleurs, jusqu'ici plus peuplées que Florence. Naples a 450,000 habitants, Rome 180,000, et Venise en a 120,000, chiffre que Florence atteindra bientôt. Ce sont des villes qu'il faut voir à tout prix, et revoir plus d'une fois, comme je l'ai fait ; mais comme résidence, Florence leur est bien préférable à cause de sa terre et de son ciel.

Naples est incomparable avec son site merveilleux, ses perspectives si pittoresques, ses environs si accidentés, volcanisés, mythologiques ; ses îles dormant sur une mer d'azur ; ses villes souterraines, inépuisables sources de curiosités artistiques ; enfin son terrible voisin le Vésuve, pour elle beaucoup plus intéressant que dangereux. Mais Naples a ses étés brûlants, ses siroccos énervants, ses lazzaroni grouillants, ses saletés morales et physiques ; Naples n'a guère qu'une rue agréable, facile à parcourir, encore n'est elle pas propre de bout en bout ; le reste n'est qu'un inextricable labyrinthe de ruelles et d'impasses, de cloaques, de platras, de grimperies et de casse-cous.— *Rome* la ville éternelle ! la Rome des Tarquins, des Césars et des papes, la ville aux mille et mille grands souvenirs historiques, aux ruines antiques, aux palais modernes, aux temples chrétiens également nombreux et admirables ! Là les débris du Colysée et ceux du Capitole, le Forum, le Panthéon ou les Thermes de Caracalla ; ici Saint-Pierre et le Vatican, deux montagnes de merveilles ! et partout les échos retentissants du passé le plus grandiose ; mais partout des prêtres, des moines et des mendiants, du fouillis et du débraillé, beaucoup à contempler, à admirer, fort peu pour s'amuser, et le mal-aria dans l'esprit, l'âme et la physionomie comme dans la triste campagne environnante. — *Venise*, la ci-devant reine de l'Adriatique, la Venise aux cent palais de style oriental..... mais reine bien déchue, et qui se meurt d'inanition : ville étrange ! ayant des canaux pour rues, des barques pour carosses et des quais nus et inanimés pour promenades ombreuses et pour squares fleuris. Venise, au temps même de sa grande prospérité, n'était qu'une prison aquatique ; hélas ! ce n'est plus qu'une prison en prison, et avec l'Autriche pour geolier ! *O dolore ! O vergogna !* Il faut visiter ces villes, mais c'est à Florence qu'il faut vivre.

Cependant Florence a un grand défaut : elle manque, non d'eau potable, grâce à ses nombreuses fontaines, mais d'un cours d'eau digne de son site, de sa population ; c'est le défaut de toutes les villes apennines ; leurs rivières tarissant en été, excepté le Tibre, la plus grande de toutes, et dont le cours est de 80 lieues ; encore pendant trois mois le Tibre est-il presqu'à sec, et son eau jaunâtre, opaque, chargée de débris organiques, de produits volcanisés, n'est-elle jamais potable. Que seraient Rome sans ses aqueducs, Milan sans son canal de dérivation, Naples sans les nombreuses sources de ses collines ! L'Arno n'est de tout point que la moitié du Tibre ; mais Florence peut imiter Rome, se pourvoir abondamment d'eau par les mêmes procédés et y réussir beaucoup plus facilement que du temps des Romains ; car les Romains ne connaissaient pas les propriétés du syphon, du moins ils n'en tiraient aucun parti dans la construction de leurs aqueducs.

Pourquoi nous autres Français nous obstinons à placer Florence plus au midi qu'elle ne l'est réellement? Sa latitude est 43° 47', c'est-à-dire celle de Nice, de Montpellier, de Dax, d'Auch ; c'est plus au nord que Toulouse, Marseille, Toulon, et surtout Perpignan.— Turin située à trente-cinq lieues plus au nord que Florence, et à une élévation de 170 mètres plus grande au-dessus de la mer (230 mètres), peut lui envier sa vivifiante température. — Paris et Florence sont à la même altitude, 60 mètres, et sont également sujets à des jours d'été d'une très forte chaleur ; cependant la chaleur moyenne à Paris n'est que 10° 8, tandis qu'à Florence c'est 15° 3. Les températures sont en moyenne :

Paris.......	Janvier +	1° 8.	Juillet +	18.
Florence.	—	5, 3.	—	25.

A Nice la température moyenne de l'hiver est plus élevée qu'à Florence, ce qui est dû aux chaudes brises marines et à l'exposition méridionale au pied des Alpes.— A Pise, la température est généralement plus douce et plus régulière ; mais il y pleut plus souvent.

Florence, avec une température moyenne presqu'aussi élevée que celle de Rome, est bien loin d'être aussi abondamment pourvue d'eau que Rome, qui en reçoit 180,000 mètres cubes en vingt quatre heures (et Rome, en a reçu quatre fois plus !) tandis que Paris n'en reçoit encore que 150,000 mètres. — Mais Florence, pas plus que Paris, n'est empestée de la chaleur malsaine, énervante, humide et puante qui afflige Rome pendant l'été et monte souvent à 38°

à l'ombre ! de là le malaria, dans la ville comme dans la campagne, et qui dure de juin à septembre. — A Naples la chaleur est encore plus forte, et les brusques variations de l'atmosphère y sont plus fatigantes, mais l'air est plus sec ; souvent tempéré par les brises marines, il est toujours plus salubre. — Venise, dont la latitude est de 45° 30, à peu près celle de Milan, de Vienne (Dauphiné) et d'Angoulême, jouit d'un climat plus chaud, plus sain, et même plus sec qu'on ne l'imaginerait, considérant son entourage de lagunes souvent orageuses. — En somme, comme température générale et comme situation plaisante, c'est Florence qui l'emporte ; je le répète : c'est là qu'il faut vivre.

FLORENCE, Ville.

Firenze, la Florentia romaine, doit son joli nom aux fleurs de son domaine ; c'est en effet le jardin de l'Italie. — Elle a mis des roses et des lys dans son blason, et joint le mot fleur au nom de sa célèbre cathédrale : *Santa Maria del fiore.* — Florentia et Florence se comprennent, mais Firenze, mot barbare, ne signifie rien ; c'est Fiorita qu'il fallait dire. — Heureusement qu'à *Firenze* on ajoute *la bella*, c'est en effet une beauté ; sans pourtant être une beauté parfaite.

La ville forme deux triangles, ayant l'Arno pour diagonale ; — ils sont joints par six ponts de divers styles, et le périmètre est dessiné par de vieux murs crénelés ; 110,000 habitants domiciliés et de nombreux visiteurs de toutes les nations peuplent la belle Florence. — Le plus petit des triangles, celui du Midi, ou de la rive gauche, s'appuie à la colline du belvédère, qui lui donne son nom ; l'autre s'étend en plaine jusqu'à la base de l'Apennin ; c'est la ville proprement, dite. — Trois fois Florence a agrandi son enceinte, et dernièrement encore, à cause du débarcadère du chemin de fer et du pont des cascines : il est probable qu'elle s'agrandira de nouveau, grâce à sa nouvelle dignité. — Elle a dix portes et autant de jardins ou promenades publiques ; sa plus grande place, et la plus moderne en même temps, est celle de Maria-Antonia ; celle dite *del grand Duca* est la plus remarquable ; à l'angle Nord est la porte *di san Gallo,* où aboutit la route de Bologne, et à l'angle opposé la porte *Romana*, sur la route de Rome, comme son nom l'indique. — La *Fortezza del belvedere,* ou *citadella di alto*, pose sur un promontoire découpé par deux ravins ; droit au Nord de ce point s'étend la forte et spacieuse *citadella di basso*, sexagonale, bastionnée et en bon état. — Au centre même du carré irrégulier que forment les deux triangles, s'élève majestueusement la cathédrale, dont l'immense dôme domine sur toute la ville et sur les environs ; la haute tour qui se dresse entre la cathédrale et l'Arno est celle du *Palazzio vecchio,* et la vaste masse qu'on voit vers l'Est et plus proche de l'Arno est l'église de *Santa Croce*, le Panthéon de Florence ou plutôt de l'Italie; enfin le Panthéon des Médicis (*Capella ducale*) est couronné par le gros dôme situé entre celui de la cathédrale et le mur du Nord.

Florence est encadrée par une large et riche bordure de jardins, parcs, bosquets, châteaux de tous les genres, de tous les styles, depuis la modeste villa jusqu'aux châteaux princiers. Au nord, cette bordure s'étend au loin sur les premières pentes de l'Apennin ; au midi, elle couvre les côteaux voisins de celui du Belvédère ; parmi ces châteaux on remarque ceux dits royaux : la villa *del Poggio imperiale*, contre la colline de la porte de Rome, le petit *palazzo delle Cascine* (la laiterie de la Cour) au milieu d'un vaste parc, mélangé de prairies couvertes de bestiaux, charmante promenade et bois de Boulogne des Florentins; le *Poggio di cajano*, sur la route de Pistoïa, vaste édifice construit par Laurent le Magnifique ; c'est là que moururent ensemble et si mystérieusement le grand-duc François Ier et la belle et intrigante Bianca Capello. — Les lauriers, lauriers-roses, cyprès, oliviers, et les taillis de diverses essences forment une infinité d'îlots de feuillage, sur lesquels dominent des massifs plus altiers, les noyers, les chataigniers, et les pins d'Italie qui se détachent du reste par leur forme et leur teinte sévère ; de riantes promenades, des sentiers ombreux s'entre croisent et forment partout un délicieux labyrinthe ; ce n'est que parterres de fleurs, tapis de verdure et bosquets enchantés. Cent stations diverses déroulent sous vos yeux, déploient au loin devant vos regards charmés la ville et son verdoyant entourage, la luxuriante vallée, la mer houleuse des collines du midi, les hauteurs de Fiésole et de Valombrosa, et les croupes pelées de l'Apennin du nord, où culmine à l'horizon l'âpre Moriglio.

Ainsi, de quelque côté qu'on les examine, Florence et son entourage sont pittoresques ; mais lorsqu'on pénètre dans la ville, la poésie souriante s'évanouit : ces hautes maisons grises et uniformes, ces nombreux et moroses *palazzi*, châteaux-forts de style greco-gothique, à ouvertures étroites et ogivales, à mine si renfrognée ; tout cela sent encore le guelfe et le gibelin, l'ardent démagogue et le tyran titré, la sédition, la répression, les embûches et le poignard..... *Firenze la bella* ne l'est pas non plus par la largeur, le percement de ses rues, la plupart desquelles sont étroites, enchevêtrées, assombries par les constructions qui les étouffent. Point de trottoirs ; pavage de larges dalles souvent disjointes, et nombreux cloaques quand la pluie dure (ces dalles, percées de trous, laissent l'eau s'échapper par les égouts subjacents). — Je voudrais aussi des marchés plus spacieux et plus propres, des fontaines plus nombreuses et plus copieuses, des rues plus régulières, et des places plus dignes des monuments qui les avoisinent. On voit que Florence épargnait l'espace, posait en place de guerre, et ne s'attendait point au grand honneur qui lui est fait, et dont elle semble encore tout étonnée. Sans doute tout y va s'améliorant, et le mieux s'y affirme plus rapidement qu'auparavant ; mais il y a encore bien à dire et à refaire. — Du reste, Florence peut facilement doubler sa superficie, et sans avoir, comme Livourne, à déraciner d'énormes murs, ni à niveler de vastes terrassements, comme nous venons de le faire au Havre.

Maintenant que nous avons bien raconté, disserté, raisonné sur et tout autour de Florence, pénétrons au cœur du sujet, promenons-nous dans la ville. Ce qu'on y remarque d'abord c'est la quantité de palais et d'églises, et que ces édifices la peuplent plutôt qu'ils ne l'ornent, à ne les considérer qu'extérieurement, et à quelques exceptions près.

Commençons par les palais, car par son âge, sa physionomie, le *Palazzo vecchio*, l'Hôtel-de-Ville, réclame la préséance; il fut commencé en 1298, à l'aide d'une souscription des négociants; il ressemble à une vaste forteresse, haute de 40 mètres, et que surmonte une tour, dont le parapet est à 92 mètres du sol. Cette tour est plus vieille encore : c'était le phare et le surveillant de la ville, et les négociants voulurent qu'elle fut enclavée dans l'édifice municipal. Ce palais loge la douane, l'état-major de la place, les bureaux de police et divers autres offices publics ; au premier étage est la vaste salle du Conseil, ornée de statues, et dont le plafond est décoré de trente-quatre peintures à l'huile, par Vasari, sur l'histoire de Florence. Ce rébarbatif *Palazzo vecchio* est le Capitole florentin, et sa place, la *Piazza del gran duca*, est un forum décoré comme l'était le *Forum romanum* ; elle lui ressemble encore par l'irrégularité.— Les deux statues colossales qui flanquent la porte du palais : le David, de Michel-Ange, et l'Hercule, de Baccio Bandinelli, sont des œuvres médiocres, le David surtout; il est vrai que Michel-Ange n'avait que 29 ans lorsqu'il le sculpta.— Sur la place, la statue équestre, en bronze, de Come Ier, est de Giovanni Bologna, célèbre sculpteur *français* (Jean, de Boulogne, l'élève de Michel-Ange), qui a aussi sculpté les admirables groupes dits l'enlèvement d'une Sabine, et Hercule tuant le centaure Nessus, chefs-d'œuvre, sur la même place. La fontaine du Neptune, avec ses tritons et ses allégories, est voisine de la statue de Come. D'un côté de la place, le palais Ugguccione, de Palladio, le grand architecte Vicentin (1518-1580), se reconnait à l'élégance du style, et contraste avec le vieux palais. Le côté opposé est formé par la *Loggia dei lanzi* (lansquenets) où était la grand' garde des Médicis; spacieuse galerie construite en 1285, par Orcagna, et supportées par six grosses colonnes d'ordre composite : elle abrite, outre la Sabine et l'Hercule de Bologna, Judith tuant Holopherne, bronze par Donatello, Persée tenant la tête de Méduse, bronze, par Benvenuto Cellini, et six statues antiques, adossées au mur, et qu'on croit représenter des prisonnières gauloises. Cette place est donc un musée de sculpture. Elle communique avec la place de la Cathédrale par une belle rue neuve et rectiligne.

Près du vieux palais se trouve celui dit *della Giustizia*, bâtiment des tribunaux et des prisons, sombre comme son voisin, et comme lui surmonté d'une tour. Construit en 1250, ce fut d'abord la demeure du gonfalonier; en 1782, le duc Léopold ayant aboli les derniers restes de l'inquisition, fit brûler, détruire dans la cour de ce palais, les instruments de torture. Voisin aussi est le vaste palais Borghèse. Le palais Riccardi, plus vaste encore, et à façade beaucoup plus imposante, est dans la *via larga* (la grande rue), ce fut la demeure des Médicis avant qu'ils allassent habiter le palais Pitti. Il logea ensuite l'académie *della Crusca*; il appartient encore au gouvernement et loge une banque, une bibliothèque, etc. Le palais Strozzi, dont l'aspect est si grandiose, fut terminé en 1500; il possède une belle galerie de tableaux. Les palais Corsini, Capponi et dix autres, possèdent aussi des musées et de précieuses collections d'objets d'art; les ministères, les diverses administrations du nouveau royaume ont trouvé place dans plusieurs de ces palais.

Il Palazzo degli Uffizi, les offices, fut construit, en 1560-74, par Vasari et par ordre de Cosme Ier. Il enclôt une longue cour oblongue et régulière, et s'étend de la place du Grand-Duc au quai d'Arno, qu'il borde de sa façade. Ce vaste édifice a trois étages; construit d'abord pour loger les cours de justice, il renferme depuis longtemps le grand musée de Florence, dont nous reparlerons.

Le plus remarquable des palais florentins est le *Pitti*, maintenant palais royal, qui loge l'autre musée, dit galerie Pitti. — Nous avons dit que le fastueux négociant de ce nom se ruina à le construire, et comment, bientôt après, il devint la propriété des Médicis ; il se déploie au haut d'une cour spacieuse qui s'abaisse en pente douce, au pied de la colline du Belvédère. Le corps central a 160 mètres de longueur et 40 mètres d'élévation. Cette façade est construite en énormes blocs de pierre taillés en bossage, style cyclopéen, étrusque moderne, à l'instar des murs de Fiesole, qui subsistent encore en partie ; c'est une œuvre de Brunelleschi ; il ne put la terminer. Quand Cosme Ier vint habiter ce palais, il fit construire les deux aîles et décorer la cour d'honneur de statues, pièces d'eau, etc. Il fit aussi creuser la galerie souterraine qui, traversant l'Arno sur le pont couvert dit le *Ponte vecchio*, met en communication ce palais et celui du grand-duc ; elle a 445 mètres de long ; c'était prudent, et cette précaution témoigne des craintes du tyran. — Le spacieux jardin public, le Boboli, le premier à Florence, s'élève du palais à la forteresse du Belvédère, et s'allonge jusqu'à la porte de Rome ; la grande allée longitudinale le divise en deux parties égales ; nombre de statues assez médiocres le décorent. Les deux plus remarquables sont celles de l'Océan, qui surmonte le grand Château d'Eau, et celle de l'Abondance, vulgairement la Cérès, d'un seul bloc de marbre et haute de 4 mètres ; elle rappelle qu'en 1636, pendant que l'Europe était désolée par la guerre et par la famine, le duc Ferdinand II maintint la Toscane dans la paix et dans l'Abondance. Ce jardin trop régulier, trop symétrique, manque de poésie et d'animation.

Florence possède nombre d'églises, la plupart desquelles sont des musées de beaux-arts ; — sa vaste cathédrale, *Santa-Maria del fiore*, est un monument insigne entre tous : en 1294 Arnolfo en posa les fondements ; Giotto lui succéda, trois autres architectes succédèrent à Giotto ; enfin Brunelleschi se promit de terminer l'œuvre et n'y put réussir ; elle ne fut amenée à peu près au point où nous la voyons qu'en l'an 1500, en y comprenant ses dépendances, le baptistère et le clocher ; il y fallut plus de deux siècles de travail et des sommes immenses! —Ainsi le pape Nicolas III ne posa les premiers fondements de St-Pierre de Rome, en 1552, qu'un demi siècle après que *Santa-Maria del fiore* eut été terminée (notons en passant que le véritable auteur de St-Pierre, à cause des changements faits au plan primitif, est Jules II, qui appela à Rome Michel-Ange et Raphael.)

Lorsque Brunelleschi proposa de donner au dôme de la cathédrale ses énormes proportions,son projet parut extravagant et d'exécution impossible ! Il en vint à bout, cependant. Le diamètre intérieur de la coupole, à sa base, est de 131 pieds, c'est 3 pieds de moins qu'au Panthéon, mais 1 pied de plus qu'à St-Pierre. (Pour notre Panthéon parisien, il n'a pas la moitié de cette dimension, 62 pieds ; la coupole des Invalides a 75 pieds). Ce dôme est octogone et a, à sa base extérieure, 160 pieds de diamètre ; il est surmonté d'une lanterne dont la croix est à 330 pieds du sol ; enfin la hauteur de la nef est de 143 pieds et la longueur totale de l'édifice est de 426 pieds. Le dôme s'élève au bout opposé à la façade et est entouré de trois grandes absides ayant chacune cinq chapelles ; l'édifice entier est de plan régulier, style gothique modernisé, pavage en mosaïque de marbre blanc et noir, et il est complétement incrusté de mosaïques de couleurs très variées ; — mais la façade non terminée est toute plate et nue ; l'intérieur de l'église parait triste et dépouillé d'ornements ; il y a cependant, entre autres décors, les belles et gigantesques statues des douze apôtres, et la magnifique chapelle des Pelli, seigneurs florentins. — Près de la façade et en ligne avec un des côtés de l'église, s'élève le superbe campanile commencé par Giotto en 1334 : il a 50 pieds de large et 258 pieds de haut, et il est, comme l'église, tout revêtu de mosaïques ; 54 bas-reliefs et 16 statues en décorent la base, et l'ensemble est d'un effet merveilleux.

Devant la façade et dans l'axe de l'église est le temple de San Giovanni, le Baptistère, construit avec les débris d'un temple païen ; monument octogone, complet, admirable ; il est aussi tout incrusté de mosaïques, — avec tableaux de même genre sur fond d'or, surtout le St-Jean et les quatre anges ; les trois portes sont en bronze, avec bas-reliefs dessinés par Ghiberti ; la quatrième a été bouchée pour faire place à une tribune. Remarquez les deux énormes colonnes de porphyre antique, provenant des îles baléares, et données par les Pisans, en 1117, — et ces grosses chaînes, qui fermaient le port de Pise ; les florentins les enlevèrent de Pise en 1362 et les attachèrent en trophée aux deux colonnes. — Faisant face à un des côtés de la cathédrale se voient trois bâtiments modernes et symétriques : sous le péristyle de celui du centre, ces deux statues gigantesques représentent Alnolfo dessinant le plan de la cathédrale, et Brunelleschi regardant s'élever dans les airs le dôme qu'il a osé exécuter. — Près de là une tablette en marbre, fixée dans le sol, porte l'inscription *Sasso del Dante*, — la tradition disant que le grand poëte aimait à venir rêver en ce lieu, alors tout autrement disposé que de nos jours.

Santa Croce, en dimensions, vient après le Duomo. C'est une vaste masse nue et sombre, du plan le plus bizarre, et n'ayant pour ornement extérieur qu'un clocher moderne et assez mesquin. Elle est isolée sur une grande place renommée par les rassemblements, les émeutes qui partirent de là pour désoler la ville. Alnolfo di Lapo construisit cette église en 1294-1300 ; ce qui lui donne un si grand renom, c'est qu'elle est devenue le Walhalla, le Panthéon de l'Italie. — Point de voyageur qui ne se hâte de visiter cette nécropole insigne, et qui n'y revienne tout pensif. — De chaque côté de la nef il y a sept chapelles, et elles sont, ainsi que l'espace intermédiaire, ornées de monuments funéraires de dimensions et de styles très divers. — Les plus remarquables sont : celui de Filicaia, florentin, poëte lyrique, mort en 1707 ; celui de Machiavel, devant lequel Foscolo improvisa ces vers si connus :

...... qui riposa quel grande

Che, temprando lo scettro a' regnatori,
Gli allòr ne sfronda, ed alle genti svela
Di che lágrime grondi, e di che sangue.

« Machiavel qui, dépouillant de ses lauriers le sceptre des rois, nous montre de combien de sang et de larmes il est baigné. »

Le mausolée d'Alfieri est un des chefs-d'œuvre de Canova : le buste du poëte (mort en 1803) est placé sur la tombe et entouré d'emblêmes scéniques ; l'Italie, superbe figure de 8 pieds de haut, pleure : — Le tombeau de la princesse Louise Stolberg, comtesse d'Albanie, l'amie d'Alfieri et qui mourut à Florence à 72 ans, est entouré de bas-reliefs, d'anges et des trois vertus théologales ; — un grand piédestal qu'entourent les statues de la peinture, de la sculpture et de l'architecture, porte un cénotaphe surmonté du buste de Michel-Ange ; l'inscription dit que les restes du grand artiste, rapportés de Rome en 1570 par les soins de Cosme Ier, sont déposés ici. Le buste, jusqu'à mi-corps, de Galilée pose sur sa tombe, le télescope dans une main, l'autre posant sur un globe ; les figures de l'astronomie et de la géométrie flanquent le monument. — Le Dante : il est assis sur sa tombe ; il médite... ; à ses pieds une trompette, des livres, et sur cette tombe s'appuie le génie de la poésie ; — l'Italie, montrant le monument, semble dire comme l'inscription : *Onorate l'altissimo poeta* ! Ce mausolée, élevé par souscription en 1829 et sculpté par le florentin Ricci, est plus remarquable par ses dimensions que par le style, aussi vient-on de mieux faire pour honorer le Dante. — Ailleurs c'est le monument de Lanzi, l'historien de la peinture italienne ; — de la princesse Czartorisky, couchée, mourante ; du peintre Sabatelli, mort à trente ans, etc., etc. — Il y a nombre de tombes, anciennes ou modernes, dans l'église et dans le cloître contigu. Dans une chapelle, près du chœur, sont les tombeaux des Nicolini, seigneurs florentins, qu'ornent de riches décors et plusieurs belles statues. Une autre chapelle appartient aux Bonapartes Louis Napoléon, roi de Hollande, et son second fils, étant morts à Florence. — Remarquez aussi les admirables vitraux peints et antiques, des bas-reliefs et plusieurs tableaux précieux.

Sur la place et devant la façade de Santa Croce a eu lieu dernièrement (14,15 et 16 mai 1865) la grande fête à laquelle a pris part toute l'Italie libre, ayant son roi en tête, lors du 600me anniversaire de la naissance du Dante. — Alors une statue digne de lui, lui a été élevée : elle a 5 mètres 68 de haut : Le Dante, debout, tient un livre de la main droite ; sa physionomie, naturellement austère, semble indignée.... la légende est : *A Dante Alighieri, l'Italia, 1865.* — C'est l'œuvre du sculpteur Enrico Pazzi, de Ravenne. Plusieurs fois et vainement Florence a essayé d'obtenir que Ravenne lui rendît les restes du grand poète, et, étrange particularité ! ces cendres qu'on croyait perdues n'ont été retrouvées que depuis l'érection de la statue. Elles vont être rendues à Florence.

La Basilica di San Lorenzo, qu'on peut appeler le Panthéon des Médicis, est encore un édifice insigne par les beautés artistiques qu'il contient ; — elle fut construite par ordre de Cosme l'ancien ; il y repose, et une simple inscription entourée d'une rosace en porphyre : *Al padre della patria, la Toscana riconoscente,* indique sa tombe. — Il ne voulut rien de plus. — Dans une chapelle voisine sont les restes de Giovanni et de Piétro, deux autres Médicis ; — une autre chapelle est celle si célèbre ! dite de Michel-Ange, parce qu'il l'a construite et en a sculpté les monuments : ceux de Laurent II et de Julien II ; les statues représentant ces deux princes sont assises devant leur tombe, et sur ces tombes sont posées les quatre statues dites du Jour et de la Nuit, de l'Aurore et du Crépuscule. — On remarque surtout la statue pensive de Laurent, dite le *penseroso* ; mais Laurent était loin d'être un penseur ! Et la pensée allégorique de Michel-Ange, si toutefois il en eut une, reste énigmatique. On sait le morose quatrain qu'il fit sur ce qu'on disait de la statue de la Nuit, que si on lui parlait elle se réveillerait :

Grato m'è il sonno, e più l'esser di sasso,
Mentre che il danno e la vergogna dura ;
Non veder, non sentir m'è gran ventura ;
Però, non mi destar ! deh ! parla basso !

» Il m'est doux de dormir et plus encore d'être de pierre, quand règnent le dommage et la honte ! Ne pas voir, ne rien entendre m'est chance heureuse ; ainsi parlez bas ! de grâce ne m'éveillez pas ! »

La vaste et magnifique *Capella dei principi* s'ouvre derrière le chœur et fait suite à l'église : commencée en 1604 par Ferdinand Ier ; elle devait renfermer le Saint-Sépulcre, qu'on espérait pouvoir enlever de Jérusalem. Come II résolut d'en faire un Panthéon. C'est un édifice octogone, de 33 mètres de diamètre, et dont la coupole s'élève à 68 mètres ; il est pavé, incrusté complètement de mosaïques et de minéraux précieux, décoré à l'envi, et d'une richesse éblouissante ! — On y voit les monuments de Ferdinand Ier, des Comes Ier, IIme et IIIme, et de François Ier. Bien que depuis longtemps la famille Médicis soit éteinte, et encore qu'elle ait donné à la Toscane plusieurs mauvais princes, la Toscane se souvient des vertus et des bienfaits des autres. Ainsi les fresques de la coupole ont été terminées en 1837 par Benvenuti, directeur de l'Académie de peinture florentine, artiste très distingué, mort sept ans plus tard.

Des églises de Florence, la plus brillante, la plus coquettement décorée est l'*Annunziata* : son autel de la Vierge est tout incrusté de lames d'argent et de minéraux précieux, le maître-autel et la chaire sont également ornés ; elle possède divers tableaux admirables et surtout une figure du Christ, chef-d'œuvre d'Andrea del Sarto. Des cloîtres entourent l'église : dans celui qui forme cour devant la façade se voit la statue équestre de Ferdinand Ier Médicis, flanquée de fontaines en marbre à ornements de bronze. Les galeries de ce cloître sont ornées de fresques d'Andrea del Sarto, œuvres précieuses et tenues sous verre.

Santa Maria novella, charmante église, fondée en 1256, outre nombre de tableaux renommés, possède la célèbre Madonna de Cimabue, premier effort de l'art renaissant ; un admirable crucifix en bois, par Brunelleschi, et de précieuses fresques par Ghirlandaïa. Cette église a pour bruyante voisine la station du chemin de fer Maria-Antonia. *Or San Michele*, ou San-Michele *in orto* (au jardin), est un grand édifice carré et de style gothique; construit en 1284, ce fut d'abord une halle. Il a aussi ses curiosités, et surtout un pourtour extérieur de quatorze niches, contenant autant de statues en marbre ou en bronze par les plus insignes sculpteurs : Giovanni Bologna, Andrea Verrochio, Baccio di Montelupo, Nanni, Ghiberti et Donatello, et surtout un saint George, qui est le chef-d'œuvre de ce dernier.

La spacieuse église de *San Spirito*, dans le quartier de la rive gauche, est très ancienne; elle fut reconstruite par Brunelleschi en forme de basilique et avec un haut dôme. — Elle contient trente-huit chapelles, toutes décorées de tableaux et d'ornements remarquables; le maître-autel surtout, placé sous la coupole, est un petit temple magnifique. — Dans le cloître de cette église se voit le buste en marbre d'un beau jeune homme, et là repose le deuxième fils de Louis-Bonaparte, le frère de notre empereur, brave et aimable prince qui naquit à Paris le 21 octobre 1804, et mourut à Forli le 27 mars 1831.

Au *Carmine*, église des Carmes, même quartier, remarquez, ou plutôt admirez la chapelle de St-Corsini, évêque de Fiesole, en 1400, et les trois merveilleux bas-reliefs en marbre, de 8 pieds sur 12 de long, représentant des traits de la vie de ce saint. — *San Marco* ne manque ni de belles fresques, de bas-reliefs ni de peintures; là reposent Giovanni Pico della Mirandola et Agnolo Poliziano, ces deux savants si érudits, si aimables et si grands amis de Laurent le Magnifique; — et l'on s'étonne qu'ils n'aient pour monumen qu'une simple pierre lapidaire !

Il y a bien autre chose à dire sur les églises et les palais, mais il me tarde de parler du :

MUSÉE FLORENTIN

Chi mi darà la voce e le parole
Convenienti a si nobil soggetto?

comme dit l'Arioste, à propos de toute autre chose que d'un musée. — Vais-je refaire ici ce qu'on a déjà si bien fait ailleurs ? où trouverai-je le temps, l'espace, la science, la patience nécessaires pour parler dignement de tant *di belle cose!* Il en faut parler, cependant, et j'ai quelque droit à le faire, après mes longs examens du sujet, tant d'heures si laborieusement, délicieusement employées, tant de belles migraines si obstinément attrapées.... Le musée de Florence ! tout l'univers artistique l'admire et le vante ! — On n'ose lui comparer que ceux de Madrid et de Dresde, et devant cette trinité s'abaisse celle formée des musées de Paris, de Naples et de Berlin, et celle de Munich, Vienne et Bologne.... Le musée de Florence ! il faut dire les musées, car il y en a deux, le Réale et le Pitti ou Ducal, un sur chaque rive de l'Arno ; — on devrait les réunir dans un édifice magnifique, grandiose et vraiment digne de tels hôtes. — En attendant nous les réunirons ici.

Le *grand musée*, le *Reale* occupe le premier étage du palais des Offices. Buontalenti, élève de Michel-Ange, reconstruisit cet étage, et le duc François Ier y installa le musée, que Ferdinand Ier accrut beaucoup. Les premières collections avaient été rassemblées par Cosme l'Ancien ; on y joignit d'abord la bibliothèque Magliabecchiana, et dix autres y furent jointes ensuite, ainsi que des cabinets de physique, d'astronomie, d'antiquités et de curiosités du moyen-âge. Cosme III, pendant son si long règne, ne cessa d'y ajouter par des achats. François Ier de Lorraine y joignit un riche médailler, et, par édit, assura à Florence la possession de ce musée. Enfin Pierre Léopold l'augmenta aussi beaucoup, fit mettre le tout en ordre et en fit dresser le catalogue. Le musée occupe deux salles de 140 mètres de long, et celle, transversale, sur le quai d'Arno, les vestibules, les corridors, et 20 petits salons : le plus renommé est celui qu'on nomme la Tribune; il est octogone et incrusté de nacre de perles. Au centre est la fameuse Vénus attribuée au grec Cléomène et dite de Médicis ; trouvée à Tivoli et brisée en cinq morceaux, incomplète, car les avant-bras manquaient, elle a été parfaitement restaurée par les plus grands sculpteurs florentins ; elle est entourée du petit Apollon (l'Apollino), du Remouleur, des Lutteurs, du Faune dansant, marbres antiques et célèbres, et de tableaux non moins insignes : la *Fornarina* de Raphael (est-ce bien la *Fornarina*? est-ce bien de Raphael? je ne le crois pas, mais c'est admirable !) — Les deux Vénus du Titien, moins chastes que la Vénus antique. La Vierge d'Andrea del Sarto et celle du Corrége, l'Hérodiade de Léonard de Vinci, et autres chefs-d'œuvres. Entre autres salles, infiniment curieuses, remarquez celle des Grands-Peintres, peints par eux-mêmes, collection unique ! La grande salle de la Niobé et ses seize statues antiques, et ses nombreux et superbes tableaux, entr'autres la grande chasse au sanglier, de Snyders, et les admirables esquisses de Rubens sur la vie de Henri IV de France. Les deux grands salons des peintres des vieilles écoles, surtout de la florentine, le salon de l'Hermaphrodite, celui du Baroccio, ceux des étrusques, des bronzes modernes, et *tanti ! tanti !* et *tutti quanti !* — Passons au palais Pitti.

La *galerie* dite *Ducale,* parce qu'elle se déploie dans le palais des ducs, occupe six grandes salles et quatorze salons. Ces vingt pièces prennent leurs noms des sujets des fresques qui ornent les plafonds. La bibliothèque et les curiosités artistiques occupent vingt autres salons. La collection de tableaux en compte 525, la plupart de grands maîtres. Cent de ces tableaux sont vraiment admirables ! Cent autres sont des portraits par les artistes les plus fameux en ce genre :

Titien, Guido, Maratta, les Carraches, et ces merveilleux Flamands : Rubens, Van Dyck, Rembrandt, Van der Helst. Les trois grands salons d'entrée sont décorés de statues, les unes antiques, d'autres modernes, et parmi ces dernières est la Vénus de Canova, qui occupa, à la tribune de l'autre musée, la place de la Vénus de Cléomène, pendant le séjour de celle-ci à Paris (qu'il nous soit permis de dire que le Français Jean de Boulogne, l'Italien Canova, et le Génevois Pradier, ont sculpté des femmes tout aussi belles, au moins, que celles de l'antiquité). Un salon est rempli de délicieuses statuettes, sculptures, bas-reliefs en marbres précieux. Un autre l'est de tableaux en mosaïques, etc. La bibliothèque et les collections scientifiques offrent une foule d'autres raretés.

Rome est par excellence la ville aux marbres célèbres, antiques et modernes. Naples l'emporte par les bronzes, grâce surtout à ceux qu'y ont apporté les Farnèses, et à ceux procurés par les fouilles à Herculanum et à Pompeï. Paris et Vienne sont plus riches en bijoux, en curiosités artistiques. Florence, qui a vu la renaissance de la peinture et les efforts des plus grands artistes, surpasse ses rivales en richesses de ce genre, et surtout en tableaux des écoles italiennes. Après ses étoiles de première grandeur, les Titien, Raphael, Correggio, Guido Reni, Dominichino, Vinci, Vannucci, viennent nombres d'astres qui ne brillent guère moins que les premiers : Luca Giordano, il Tintoretto, les trois Carraches, Cigoli, Salvator Rosa, Carlo Maratta, Jules Romain, Sacchi, Daniele di Volterra, Guerchin, le Caravage, l'Albane, Paul Véronèse; puis tant de grands artistes appartenant aux écoles étrangères ; les trois géants espagnols : Vélasquez, Murillo et Ribera (*la spagnoletto*) ; puis Alonzo del Cano, Zurbaran, Juanez, Morales, etc., et les merveilleux Flamands et Hollandais : Rubens, Van Dyck, Jordaëns, Rembrandt, des géants aussi dans leurs styles divers ! puis les Paul Potter, Gérard Dow, Teniers, Weenix, Wouvermans et les Vanderwerf, Van der Helst, et autres van ders. -- L'école allemande, a quelques bons tableaux, surtout de Raphael Mengs, joint une multitude de peintures des vieilles écoles, façon Holbein et Albert Durer, la plupart sèches, dures et rocailleuses. — L'école française y est représentée par les deux Poussins, les deux Mignards, Claude Lorrain, Lesueur, Lebrun, Jouvenet. Un français aimerait à y voir des David, Horace Vernet, Gros, Paul Delaroche, Eugène Delacroix, nos contemporains défunts; sans parler de nos grands peintres qui vivent encore; car nous avons encore de grands peintres, quand l'Italie n'en a plus.

La Toscane est donc la terre classique de la peinture, le théâtre des premières grandes œuvres de cet art ; — aussi donnerons-nous ici la liste des peintres renommés, nés en Toscane, et d'abord de ceux à qui Florence a donné le jour. — Rappelons-nous que dans cette dernière catégorie se trouvent quatre des peintres, Cimabue, Angelo Gaddi, Bufalmaco et Giotto, qui ressuscitèrent l'art à la fin du XIIIme siècle, et que le cinquième, Martini, dit Memmi, était aussi Toscan.

Liste des peintres nés à Florence :

Gaddi (Taddeo)	1300—1352
Tomaso di Lapo	1324—1356
Orgagna (Andrea)	1329—1389
Starmina	1334—1403
Masolino (Paolo)	1378—1415
Uccello	1389—1472
Masaccio (né à St-Giovanni, près Florence)	1401—1443
Lippi (Filippo)	1402—1469
Roselli (Cosimo)	1416—1484
Pollaiollo (Antonio)	1426—1498
Verrochio (Andrea)	1432—1488
Botticelli	1437—1515
Ghirlandaia (Domenico Curadi, dit le)	1449—1495
Leonardo da Vinci (né près de Florence	1452—1519
Sciarpelloni (Lorenzo, dit Credi)	1453—1531
Lippi (Filippino)	1460—1505

Raffaellino del Garbo .... 1466—1524
Baccio della porta, dit fra Bartolomeo .... 1469—1517
Bigio, dit Il Frangiabigio 1483
Vannucci, dit Andrea del Sarto .... 1488—1530
Penni, dit Il Fattore .... 1488—1528
Rosso .... 1496—1541
Buonacorsi, dit Perrino del Vaga .... 1500—1581
Allori, dit Il Bronzino .... 1501—1570
Allori (Alessandre) neveu du précédent .... 1533—1607
Rossi (Francesco) .... 1510—1563
Barbatelli, dit Il Pocetti .... 1548—1612
Tempesta (Antonio) .... 1555—1630
Lomi (Orazio) dit Il Gentileschi .... 1563—1646
Carlo Dolce. .... 1616 - 1686

Autres peintres toscans :

Spinello, né à Arrezzo 1308
Poselli (Francesco) à Arrezzo 1325
Giovanni, dit fra Angelico da Fiesole .... 1387—1455
Signorelli (Lucca) né à Cortone .... 1441—1524
Buonarotti (Michel-Ange) Arezzo .... 1474—1564
Beccafumi, né à Sienne .... 1484—1549
Ricciarelli, di Daniele di Volterra .... 1509—1566
Vasari (Giorgio) né à Arezzo .... 1512—1574
Circignano, dit le Pomerancia 1516
Chimenti, dit Giacopo d'Empoli .... 1554—1640
Salimbeni, dit Bevilacqua, Siennois .... 1557—1613
Cardi, dit Cigoli, né à Cigoli .... 1559—1613
Cresti, dit le Passignano .... 1560—1638
Vanni, dit le Cavalière, de Sienne .... 1565—1609
Lomi (Artemisia) la signora L., Pise .... 1590—1642
Berrettina, di Pietro di Cortona .... 1596—1660

Grands architectes toscans ayant travaillé à Rome :

Baccio Pintelli, florentin, florissait en 1475
Antonio Piconi, né près de Florence .... 1470—1546

Michel-Ange Buonarotti, Arezzo........................ 1474—1564
Baltazare Peruzzi, de Sienne.............................. 1481—1556
Bartolomeo Ammanati, florentin.......................... 1511—1592
Alessandro Galilei, florentin................................ 1691—1737
Ferdinando Fuga, florentin.................................. 1699

Les grands artistes qui portèrent l'art à son degré le plus sublime naquirent tous dans la deuxième moitié du XVme siècle, et dans la même région de l'Italie, c'est-à-dire vers le Nord, et ils se durent peu de chose les uns aux autres. — Si nous cherchons parmi les plus insignes, nous en trouverons neuf marchant à peu près de front, bien que dans des genres différents. — Suivons l'ordre chronologique :

1° Leonardo da Vinci, *né en* 1452, *florentin, et fondateur* de l'école florentine, avant qu'il eut connu Raphael ni le Corrège ; il dessina comme le premier et peignit avec la *soave morbidezza* du second. Ajoutons que la nature avait comblé de ses dons les plus précieux cet homme extraordinaire ! Il mourut en 1519, à Amboise et, dit-on, dans les bras de François Ier. — Un an après Raphaël mourait à Rome dans les bras du pape Léon X ;

2° Baccio della Porta, di Fra Bartolomeo di San Marco, florentin, né en 1469, merveilleux coloriste, qui excella surtout dans l'art de draper les figures ; mort en 1517 ;

3° Michele-Angelo Buonarotti, dont nous avons déjà parlé plusieurs fois, né en 1474, peintre, sculpteur, ingénieur, architecte, et même poëte ; mais qui n'atteignit au premier rang que comme sculpteur, quoiqu'en disent ses fanatiques admirateurs. Il est plus remarquable par son initiative audacieuse et par sa science du dessin et de l'anatomie que par le goût et la grace !

4° George Barbarelli, dit le Giorgione, né à Castelfranco, en Vénétie, en 1477, et créateur de l'école vénitienne, mort en 1511 ;

5° Tiziano Vecelli, le Titien, né la même année que Giorgione son ami, à Piève de Cadore (Vénétie), le plus grand peintre de l'école vénitienne, le plus laborieux des peintres et celui qui vécut et travailla le plus longtemps, car il mourut en peignant, à 99 ans, à Venise ; la nature lui accordant ainsi un à-compte sur son immortalité, comme a dit Voltaire ;

6° Rafael dei Santi, dit Raphael Sanzio, né à Urbino, dans l'Ombrie, en 1483, le chef de l'école ombrienne, le fondateur de l'école romaine, l'artiste immortel en qui se résument les divers mérites de ses rivaux ;

7° Andrea Vannucci, dit del Sarto, florentin, né en 1488, et mort de la peste à Florence en 1530, le chef de l'école florentine, et dont le talent participe de Raphael et du Corrège. Ses *Saintes Familles* sont d'une merveilleuse beauté ;

8° Luciano, dit Fra Sebastiano del Piombo, vénitien, 1492-1547, le grand coloriste que Michel-Ange, si grand dessinateur, s'associa pour lutter contre Raphael...... et ils furent vaincus par le tableau de la *Transfiguration* ;

9° Antonio Allegri dit le Corrége, né en 1494, à Correggio, petite ville du Modénais, et mort au même lieu en 1534, pauvre comme il avait vécu, malgré un génie d'autant plus admirable que ce chef de l'école lombarde ne devait son talent qu'à lui-même, ne vit aucun de ses rivaux et n'alla jamais ni à Florence, ni à Rome, ni à Vénise. (J'ai vu avec le plus vif intérêt la maison, laide et chétive, où il passa sa vie : elle tombe de vétusté.)

Ainsi de ces neuf maîtres, si l'un, Michel-Ange, vécut 90 ans, et un autre, Titien, près d'un siècle, Andrea del Sarto ne vécut que 42 ans, le Corrége que 40, Raphael que 37, et Giorgione que 34...... Si le nombre de leurs années eut été double, par combien d'œuvres admirables n'eussent-ils pas ajouté à leur gloire ! Remarquons encore que le pontificat de Léon X (1513-1521) les vit tous à l'œuvre ; enfin, que le Titien avait vu les commencements de la grande peinture, et qu'il vécut assez pour en voir commencer la décadence.

Lorsque, naguère encore, j'étais fatigué de flâner laborieusement dans les musées, j'allais rôder par la ville : recommençons notre promenade : remarquons, au bout du Ponte Vecchio, la fontaine ornée du beau groupe d'Hercule terrassant Nessus ; devant le pont de la Trinité, la gigantesque statue de la Justice, en porphire, sur une colonne de granit oriental, monolythe de 12 mètres de haut : Ce monument commémore une victoire remportée par les Florentins en 1570. Le Sanglier de bronze sur la place du Marché à la soie ; à la porte du nord, dite de San-Gallo, le grand arc de triomphe du duc François Ier, en pierre vive, avec bas-reliefs et statuettes, et portant la statue équestre du duc, œuvre médiocre, comme François fut médiocre prince. Des théâtres il y a peu de chose à dire ; ils sont bien décorés et très propres ; mais les trois plus grands, la Pergola, l'Alfieri et le Pagliano ne le sont guère ! L'Alfieri doit son nom au grand tragique qui vécut cinq ans dans cette rue et y mourut en 1803, complètement désillusionné des Brutus anciens et modernes, qu'il avait tant célébrés !

Il nous reste encore à considérer la Toscane au point de vue de la civilisation, à dire avec quelle facilité on vit à Florence, de quelle félicité on y jouit, et une foule d'autres choses ! Mais l'espace nous est mesuré dans le volume, et nous avons déjà outrepassé la mesure. Donc, seulement quelques phrases de plus : le Florentin est généralement laborieux, économe, parcimonieux même ; il est trafiquant retors, habile ouvrier, artiste plein d'intelligence ; il a de la grâce, du goût, de l'élégance, de l'imagination ; mais fort peu de passion...... c'est comme en France ! plus d'esprit que de sentiment ; mais plus d'esprit public qu'en France, où l'on préfère à celui-là tous les autres genres d'esprit. Florence est plus française qu'aucune autre ville italienne, et grâce à sa cour, à son aristocratie nobiliaire, financière et administrative, à ses sommités intellectuelles, à ses visiteurs si nombreux, nationaux et étrangers ; grâce, enfin, à ses améliorations de tous les genres, elle devient chaque jour davantage le Paris de la Péninsule.

Nous ajouterons, sans devoir être accusé de chauvinisme, qu'en beaucoup de choses Florence fera bien de prendre Paris pour modèle ; par exemple, dans la prononciation de la langue nationale : Si le Français de Paris n'est pas toujours grammatical, il est toujours agréable à entendre. C'est le contraire à Florence où la phrase, bien construite, est généralement prononcée avec un accent guttural, qui devait délecter les oreilles autrichiennes. Etrange bizarrerie ! la ville des grands-ducs autrichiens est devenue la capitale de l'Italie, et cette capitale, désormais la ville la moins allemande du pays, est la seule où l'italien se parle à l'allemande !

Chère Florence, pardonne cette petite leçon ! parce qu'on aime les gens, on n'est pas tenu de les trouver parfaits. Ainsi je trouve beaucoup à redire à l'Italie, et pourtant, c'est le pays que j'aime le mieux au monde, — *après le mien !* — Et maintenant, adieu ! *cara mia!* ou plutôt, au revoir, et bonne chance en attendant ! Tâche de conserver ta couronne de reine, et si elle venait à t'échapper, console-t-en ; car tu garderas toujours ta couronne de fleurs...... oui, ma belle, ma gracieuse ! Quoiqu'il arrive, tu seras toujours la *Diva*

. . . . Del bel paese
Ch'Apennin parte, e'l mar circonda, e l'Alpe.

(PETRARCA.)

Havre — Imp. Lepelletier, pl. Louis Philippe